D0904056

Frankfurter Anthologie

Neununddreißigster Band
Gedichte und Interpretationen
Begründet
von Marcel Reich-Ranicki
Herausgegeben
von Hubert Spiegel
S. Fischer

Erschienen bei S. FISCHER

Für diese Zusammenstellung
© S. Fischer Verlag GmbH, Hedderichstr. 114,
D-60596 Frankfurt am Main

Satz: Pinkuin Satz und Datentechnik, Berlin
Druck und Bindung: CPI books GmbH, Leck
Printed in Germany
ISSN 0723-1253
ISBN 978-3-10-002511-1

In memoriam
Walter Hinck

INHALT

LI TAI-PO
DER PAVILLON AUS PORZELLAN

Mitten in dem kleinen Teiche
Steht ein Pavillon aus grünem
Und aus weißem Porzellan.

Wie der Rücken eines Tigers
Wölbt die Brücke sich aus Jade
Zu dem Pavillon hinüber.

In dem Häuschen sitzen Freunde,
Schön gekleidet, trinken, plaudern, –
Manche schreiben Verse nieder.

Ihre seidnen Ärmel gleiten
Rückwärts, ihre seidnen Mützen
Hocken lustig tief im Nacken.

Auf des kleinen Teiches stiller
Oberfläche zeigt sich alles
Wunderlich im Spiegelbilde:

Wie ein Halbmond scheint der Brücke
Umgekehrter Bogen. Freunde,
Schön gekleidet, trinken, plaudern,

Alle auf dem Kopfe stehend,
In dem Pavillon aus grünem
Und aus weißem Porzellan.

Aus dem Chinesischen von Hans Bethge

MARLEEN STOESSEL
MANCHE SCHREIBEN VERSE NIEDER

Ein lauer Sommerabend, vielleicht scheint der Mond,
Freunde treffen sich zu lockerem Beisammensein in ihrer
Sommerlaube, haben sich fein gemacht und die kleine,
schön geschwungene Brücke überquert, die über das Wasser zu dem Pavillon leitet. Vielleicht ist der Anlass ein be-
sonderer, vielleicht ist es auch nur die Lust am Dasein, am
idyllisch gelegenen Ort und dem Wetter, oder es ist ihre
Freundschaft, die sie zueinander führt. Und glaubt man
nicht schon im Hintergrund, mit dem Wehen des Windes
in den Blättern, im hin und wieder aufglucksenden Wasser, das Klingen der Gläser, das Lachen und ihre Stimmen
zu hören?
Manch einer mag dabeisitzen, mit dem Zeichenblock auf
den Knien, ein anderer in die Saiten greifen. Mehr noch –
heißt es doch hier, als wäre es das Selbstverständlichste
von der Welt: »Manche schreiben Verse nieder.« Dann
mag ja auch das Gedicht, das wir hören und lesen, selber
gerade in dieser Stunde, die es beschreibt, entstanden sein
– so dass es in der Mitte, im Herzen seiner selbst, sich
noch einmal spiegelt – so wie der weiß-grüne Pavillon, die
Menschen, die Brücke sich spiegeln im Wasser. Dieser so
einfach erscheinende liedhafte Ausdruck gelassener Daseinsfreude in der Gemeinschaft offenbart sich bei näherem Hinsehen, Hinhören als äußerst kunstvoll. Jedes Ele-
ment, jede Farbe und Bewegung findet Refrain und Echo,
findet heitere Umkehrung und kopfstehende Verdoppe-

lung in einem anderen, und wir verstehen jetzt: Auch das
wie beiläufige »Verse niederschreiben« ist Hinweis auf
eine Kultur, die, wie nur im alten China, der Dichtkunst
den höchsten Rang zuweist.

Li Tai-Po (auch Li Tai-bo oder Li Bo) hat dieses kunst-
voll-schlichte, wie eine Spieluhr mit ihren Figuren sich
drehende Gedicht im achten Jahrhundert verfasst. Neben
Thu Fu (Du Fu) war er der berühmteste Dichter dieser als
Tang-Zeit bezeichneten Epoche. So viel ist bekannt, dass
ihn sein ruheloses, nomadenhaftes Leben eine Zeitlang
an den kaiserlichen Hof führte, wo er, der nie eine feste
Stellung bekleidete, der nie den eigentlich obligaten Be-
amtenstatus innehatte, die Gunst des Monarchen genoss,
der auch seine legendäre Trunksucht mit Wohlwollen und
Verständnis hinnahm. Denn diese war es, die die Ventile
seiner Inspiration öffnete und ihn, der zwischen Phasen
der Ekstase und tiefster Melancholie hin und her pendelte,
zugleich auch an die Quellen seiner taoistisch geprägten
Natur- und Welterfahrung führte.

Im Jahr 1907 veröffentlichte der Dichter Hans Bethge als
ersten Band seiner Nachdichtungen orientalischer Lyrik
»Die chinesische Flöte«. Als Gustav Mahler im selben Jahr
den schmalen Band aus dem Insel Verlag in Händen hielt,
war sein Leben schon vom Tod, dem Tod seiner kleinen
Tochter Anna Maria wie auch von der eigenen tödlichen
Krankheit, gezeichnet. Im »Lied von der Erde«, das mehrere Gedichte aus der »Chinesischen Flöte« vereint, hat
der Komponist in einem einzigartigen Brückenschlag der
Kulturen die Todesschatten im wahlverwandten Geiste
dieser Dichtung des Tao, ihres mystischen Vertrauens in
die kosmischen Vorgänge des Werdens und Vergehens, zu
verwandeln versucht. Ein halbes Jahr nach seinem Tod im

Mai 1911 hat Mahlers engster Freund, der Dirigent Bruno Walter, das »Lied von der Erde« in München uraufgeführt. Li Tai-Pos Gedicht, dem Mahler den Titel »Von der Jugend« verlieh (die beiden letzten Strophen stellte er um), nimmt in diesem Liedzyklus den leichtesten, hellsten Platz ein: als Bild und Ton lauterer Harmonie, als Inbild der Schönheit und Daseinsfreude, mit dem auch die Musik – eingeleitet vom heiteren Glöckchenton der Triangel, Oboen und Flöten – einen kurzen, lichten, doch schon wie erinnernden Aufschwung nimmt aus der Schwere der Todesdrohung und des Abschieds vom Erdenleben, die dieses Werk als Ganzes prägen. Was aber bleibt und sich mit jedem Lesen und Hören erneuert, ist der schlichte liedhafte Ton, ist dieses nie alternde, im Zwiegespräch der Geister und Kulturen sich fortzeugende Bild menschlichen Daseinsglücks.

JOHANN WOLFGANG GOETHE
MEERES STILLE

Tiefe Stille herrscht im Wasser,
Ohne Regung ruht das Meer,
Und bekümmert sieht der Fischer
Glatte Fläche rings umher.
Keine Luft von keiner Seite!
Todesstille fürchterlich!
In der ungeheuren Weite
Reget keine Welle sich.

ANGELA KRAUSS
WIR SEHNEN UNS, WIR ENTBEHREN
AUF SCHRITT UND TRITT

Das Gedicht und sein Mensch, sie finden einander gelegentlich auf ihren nicht vorhersagbaren Wegen durchs
Leben. Der Mensch: in blinder, nervöser Bereitschaft. Das
Gedicht: geradezu perfide versteckt. Vielleicht wäre aus
dem Weltraum das beiderseitige drängende Aufeinander-
zu bereits zu sehen. Ehe man Auge in Auge steht. Und
sich jetzt alles Übrige von selbst aus dem Sichtfeld schiebt.
Ich atme aus. (Das Gedicht auch?) Fürs Erste wunderbar
gedankenlos. Ein restlos einspruchsloses Ja ereignet sich.
Ein Ja aus dem Körper, ein undurchdachtes, stimmhaftes,
rundes Ja. Heilige Einheit!
Im Zustand dieses Ja stürzen alle Gerüste, die uns beim
Lebenslauf durch den Alltag helfen, unser gewohntes
zähes, schütteres ›Nun ja‹ aufrechtzuerhalten. Fort mit
ihnen! Nun ist es eingetreten: das vollkommene Gleich-
gewicht. Denn ich bin meinem Gedicht begegnet! Ich
bin nicht mehr allein. Einer versteht mich. Er ist schon
tot? Nimmermehr! Mit Verlaub: Was ist selbst eine volle
Goethesche Erdenexistenz, gemessen an der furios leben-
digen Allmacht dessen, was aus ihr in eine Seele unserer
verwahrlosten Gegenwart fließt. Es ist meine Seele. Und
unser Zustand ist einer der Entbehrung.
Es ist unser permanenter Stand; es ist unser Leben. Wäre
es anders, so funktionierte die Parole nicht. Nichts täte
sich im Körper. Keiner würde sein Gedicht erkennen. Der

Mensch, bei sich selbst angekommen und eine (uns noch vorstellbare?) zu bejahende Welt bejahend, erkennt sein Gedicht nicht, denn er braucht keins. Die Gedichte wären schutzlos den Textanalytikern überlassen. Wie gerupfte Hühnchen an kilometerlangen Förderbändern baumelnd, wären sie eigens für marktgerechte Zerlegung, animierende Zubereitung und zügigen Konsum aufbereitet. Als Party-Nuggets. Gemach; dies droht nicht. Es geht uns zu schlecht. Wir verzehren uns, sehnen uns, wir entbehren auf Schritt und Tritt. Wir hungern. Nichts aus der Überfülle kann uns nähren. Deshalb müssen wir immer dicker werden. Weil Hunger weh tut. Ein ganz neuer Schmerz, nicht der in den deutschen Großstädten der letzten Kriegsjahre, der wütend machte. Sondern ein fetter Hunger, der grundtraurig macht. Dieser Hunger summt untergründig, während wir springen, hüpfen, jagen – nach nichts wirklich auf der Suche, aber in diffuser, dringlicher werdender Erwartung des einen weiten Sprungs, unserer Verwandlung in der Luft in ein noch Unfassbares – nebst Landung auf dem See. Stille. Endlich. Tiefe Stille herrscht im Wasser. Glatte Fläche. Keine Luft von keiner Seite. Ohne Regung. Lange, lange. Noch länger. Dann: ein starker anmutiger Flossenschlag!

FRIEDRICH HÖLDERLIN
SOPHOKLES

Viele versuchten umsonst das Freudigste freudig
   zu sagen,
Hier spricht endlich es mir, hier in der Trauer sich aus.

UWE KOLBE
WIE SEIN GLÜCK, SO WAR SEIN LIED

Man sehe mir nach, dass es ein kurzes Gedicht ist. Eins für die Zeitung im Sinne der Neuigkeit ist es ebenso wenig. Aber der ganze Hölderlin steckt darin und damit wir alle. Spricht er doch, ganz bei sich, für jeden und zu jedem, als Leser zu Lesenden. Dass die Überschrift den antiken Dramatiker nennt, erklärt sich von selbst. Hölderlin war früh von ihm begeistert. In einer studentischen Abschlussarbeit lobt er, bei Sophokles finde man überall »Leidenschaft von Geschmack geleitet«. Programmatisch drückt er damit aus, worum es ihm in seinem eigenen Werk immer zu tun sein wird. Zur Zeit des Zweizeilers, als Meister, fasst er diese Erfahrung zusammen.

Seine Übersetzungen der Trauerspiele des Sophokles werden bald erscheinen. »Oedipus der Tyrann« und »Antigonae« sind es, die der Frankfurter Verleger Wilmans 1804 drucken lässt. In den Anmerkungen zum Oedipus des Sophokles geht es Hölderlin zuallererst um das Machen, um das kalkulierte Schreiben: »Der modernen Poesie fehlt es … am Handwerksmäßigen, dass nämlich ihre Verfahrungsart berechnet und … in der Ausübung immer zuverlässig wiederholt werden kann.« Wie war das mit dem Geniekult des romantischen und des Goethezeitalters? Keine Spur davon bei diesem Mann. Er war solitär.

Das Gedicht ist leicht zu lesen. Der Sprachfall entspricht hundertprozentig dem Vers. Das ist Hölderlins Gesetz. Wenn er im Gedicht eine Abweichung, eine Verschiebung

gegen die Wortbetonung durch den Vers zulässt, wenn
er sie riskiert, dann sollen wir das merken und als Hinweis und Hilfe zum Verständnis nehmen. Wenn es bei ihm
»holpert«, ist die Unebenheit vorsätzlich, ist gemacht.
In dem kleinen Gedicht holpert nichts. Gäbe nicht das
Druckbild die typische Aufteilung eines Distichons, ginge
der Satz als Prosa durch. Dabei handelt es sich um eine
antike Epigramm-Form, die unter anderem auf Grab-
steinen überliefert ist. Von Goethe und Schiller war sie
eben, 1797, in den »Xenien« durch alle, auch durch die
trivialsten Stimmungen gejagt worden.
Hölderlins Verse sind Selbstansprache, aber auch lesbar
als Sequenz aus einem ernsthaft geführten Dialog. Der
andere Sprechende könnte von der heiteren Linie der Tradition gesprochen und gefragt haben, warum er, Hölderlin, sich nicht mehr zu dieser verstehe, wie früher, als man
im Geiste des Landsmanns Schiller Oden an die Freude
anstimmte. Der Gesprächspartner könnte einer der Stutt-
garter Freunde sein, allen voran der frühere Kommilitone
und Dichterfreund Christian Ludwig Neuffer, aber auch
der Kaufmann Landauer, der musische und großzügige
Mann. Vielleicht hat derjenige ihm helfen, ihn über etwas
hinwegtrösten wollen, über den Abschied von der einen,
großen Liebe, über das Unstete in seiner Existenz überhaupt, die ewige Flucht in den nächsten kurzfristigen
Broterwerb, über die fatale Abhängigkeit vom Wohlwollen der schwäbischen Mutter.
Die zwei Verse antworten. Sie tun es, wie gesagt, kurz.
»Wie mein Glück, ist mein Lied«, schrieb er einmal sar-
kastisch unter der Überschrift »Die Kürze«. Die drei
Jahre zwischen dem Erscheinen des »Hyperion« und den
Monaten in Homburg, in denen er eine Karriere als freier

Schriftsteller anstrebte, eingebettet darin das Größte seines Lebens, die Liebe zu der Ehefrau des Bankiers Jakob Friedrich Gontard, seiner Diotima – das war es, was er selbst so nennen durfte: Glück.

Das Freudigste, das es freudig zu sagen gäbe, wäre es nicht dafür der Dank?

Es darauf festzulegen hat keinen Sinn. Jede Leserin, jeder Leser wie alle Schreibenden auch, sie kennen das Freudigste, das freudig zu sagen ist. Auch, wenn es sich nun »endlich« in der Trauer ausspricht. Dort wurde es nicht vermutet. Viel vergebliche Liebesmüh bei der Lektüre von Freudigem aller Art ging dem voraus. Und nun das. Im Trauerspiel findet sich das Gesuchte. Endlich. Der Moment ist einer der Erlösung. Der Leser hat gesucht, er irrte. Jetzt wird er belohnt. Er gleicht dem, der in der legendären Bibliothek zu Babel auf Lektüren ausging. Er hat eine sinnvolle Kombination von Buchstaben gefunden, ein Wort, vielleicht einen Satz, der etwas taugt, nach dem er unbewusst gesucht hatte. Dem Tonfall nach zu urteilen, insbesondere dem »endlich«, bedeutet diese Entdeckung etwas für das Leben.

Was gefunden wurde, ist namenlos: »es«. Und doch erkennt jeder es wieder, der einmal im Gespräch mit der vertrauten Person an den Punkt gekommen ist. Ja, genau, an den Punkt, ja, vertraut. Wir erheben das Glas und schauen einander in die Augen. Schweigend.

ADELBERT VON CHAMISSO
DAS SCHLOSS BONCOURT

Ich träum als Kind mich zurücke,
    Und schüttle mein greises Haupt;
Wie sucht ihr mich heim, ihr Bilder,
    Die lang ich vergessen geglaubt?

Hoch ragt aus schatt'gen Gehegen
    Ein schimmerndes Schloß hervor,
Ich kenne die Türme, die Zinnen,
    Die steinerne Brücke, das Tor.

Es schauen vom Wappenschilde
    Die Löwen so traulich mich an,
Ich grüße die alten Bekannten,
    Und eile den Burghof hinan.

Dort liegt die Sphinx am Brunnen,
    Dort grünt der Feigenbaum,
Dort, hinter diesen Fenstern,
    Verträumt ich den ersten Traum.

Ich tret in die Burgkapelle
    Und suche des Ahnherrn Grab,
Dort ist's, dort hängt vom Pfeiler
    Das alte Gewaffen herab.

Noch lesen umflort die Augen
   Die Züge der Inschrift nicht,
Wie hell durch die bunten Scheiben
   Das Licht darüber auch bricht.

So stehst du, o Schloß meiner Väter,
   Mir treu und fest in dem Sinn,
Und bist von der Erde verschwunden,
   Der Pflug geht über dich hin.

Sei fruchtbar, o teurer Boden,
   Ich segne dich mild und gerührt,
Und segn' ihn zwiefach, wer immer
   Den Pflug nun über dich führt.

Ich aber will auf mich raffen,
   Mein Saitenspiel in der Hand,
Die Weiten der Erde durchschweifen,
   Und singen von Land zu Land.

RUTH KLÜGER
DER ERSTE EUROPÄER

Er war wohl der erste Lyriker, der auf Deutsch über sein Außenseitertum dichtete, ohne dass dies seine Muttersprache gewesen wäre. Er hat diesem Außenseitertum eine Gestalt gegeben, die er Peter Schlemihl nannte – nach dem jiddischen Ausdruck für Pechvogel; also ein doppeltes Außenseiterschicksal. Mit dieser Erzählung ging er in den Literaturkanon ein. Schlemihls verlorener Schatten ist auf vielerlei Art gedeutet worden, darunter ist auch der Verlust der Heimat, wie in dem zerstörten Kindheitsort unseres Gedichts.

Chamisso, der auch Louis and Adélaide hieß, woraus später Ludwig und Adelbert wurde, stammte aus einer adeligen, vielköpfigen Familie in der Champagne – das Schloss hatte wirklich den paradiesischen Namen Boncourt. Als Adelbert gerade elf Jahre alt war, musste die Familie vor der Revolution fliehen. Obwohl er sich in Deutschland nie ganz zu Hause fühlte, entschloss sich der Dichter, nicht nach Frankreich zurückzukehren, als es unter Napoleon wieder möglich war. In Deutschland wurde er Schriftsteller, Botaniker, ein angesehener Naturforscher und Weltumsegler, wie auch in den letzten Versen unseres Gedichts erkennbar wird. Als Lyriker ist Chamisso heute nicht mehr sehr populär, doch manche seiner Verse sollten uns auch heute noch ansprechen.

Im Gegensatz zu den üblichen emotionsgeladenen Nostalgiegedichten waltet in »Das Schloss Boncourt« die

präzise Beobachtungsgabe des Naturwissenschaftlers.
Das geträumte Kind stürmt fröhlich an den »traulichen«
Löwen im Wappenschild vorbei – alte Bekannte sind ihm
das ja –, sucht das Fenster, hinter dem einmal sein Kinder-
zimmer lag, erkennt Sphinx und Feigenbaum und findet
in der Kapelle ein altes Grab. Diese Genauigkeit der auf-
gezählten Einzelheiten erfährt einen Höhepunkt, als doch
endlich die Trauer überhandnimmt, in den »umflorten«
Augen, das heißt den Tränen, die optisch präzise das
Lesen der Inschrift auf dem Grabstein, bei heller Sonne
durch bunte Scheiben gefiltert, erschweren.
Entgegen diesen fast fotografischen Details stehen dann
leider die eher verschwommenen metaphorischen Bilder
vom greisen wandernden Sänger mit seinem Saitenspiel in
der letzten Strophe. Der Autor war 1827, als das Gedicht
erschien, gerade einmal 46 Jahre alt! Das rührselig stili-
sierte »lyrische Ich« kommt dem autobiographischen so
sehr in die Quere, dass es uns das Gedicht beinahe ver-
dirbt. Beinahe, aber dann doch nicht.
Denn das, was »Das Schloss Boncourt« so sympathisch
macht, ist die unerwartete Versöhnlichkeit der siebten
und achten Strophe. Nachdem der Dichter das Schloss
in Worten entstehen ließ, kommt als Schock der Satz:
»Und bist von der Erde verschwunden, / Der Pflug
geht über dich hin.« Was wir bis jetzt gelesen haben,
war also nicht nur eine Suche nach der verlorenen Zeit
eines Einzelnen, sondern nach den gebauten Strukturen
einer Gesellschaft, die es nicht mehr gibt, die nur im Gedächtnis »fest und treu« geblieben sind. Und dann der
zweite Schock: Der Vertriebene segnet die Erde, auf der
das Elternhaus einmal stand, mit einem »zwiefachen«
Segen, der den einfachen Mann mit einschließt, der das

Land nun pflügt und der eigentlich ein Widersacher sein könnte.

Die segnende Hand ist eine ausgestreckte Hand, die zum Frieden nach Kriegen und Revolutionen einlädt und den Einzelnen – den Dichter wie den Bauern – in sein Einzelleben entlässt. Man hat Chamisso als den ersten Europäer bezeichnet, und unser Gedicht bestätigt diesen Ehrentitel.

HEINRICH HEINE

ICH SEH IM STUNDENGLASE SCHON

Ich seh im Stundenglase schon
Den kargen Sand zerrinnen.
Mein Weib, du engelsüße Person!
Mich reißt der Tod von hinnen.

Er reißt mich aus deinem Arm, mein Weib,
Da hilft kein Widerstehen
Er reißt die Seele aus dem Leib –
Sie will vor Angst vergehen.

Er jagt sie aus dem alten Haus,
Wo sie so gerne bliebe.
Sie zittert und flattert – wo soll ich hinaus?
Ihr ist wie dem Floh im Siebe.

Das kann ich nicht ändern, wie sehr ich mich sträub',
Wie sehr ich mich winde und wende;
Der Mann und das Weib, die Seel' und der Leib,
Sie müssen sich trennen am Ende.

HEINRICH DETERING

BESCHREIBUNG EINES KAMPFES

Wie leicht und einfach das aussieht: viermal vier vierhebige Verse, kreuzgereimt und alltagssprachlich. Dabei geht es um Leben, Liebe und Tod, um Leib und Seele. Aus der Spannung zwischen Ton und Thema ergibt sich eine zarte Komik, frech gegenüber der Erwartung, dass über letzte Dinge nur ernsthaft gesprochen werden dürfte, frech aber auch gegenüber dem Sprecher selbst, der sich doch ganz nackt und bloß zeigt: im finalen Liebeskummer und in Todesangst. Der an einer Muskellähmung langsam zugrunde gehende Dichter auf dem Sterbebett, das er seine »Matratzengruft« nennt: Dieser deutsche Jude, der sich als einen gescheiterten Krieger im demokratischen Freiheitskrieg sieht, geflohen nach Paris, heimisch geworden in einer Kultur, die in seiner Heimat wenig gilt, und jahrelang bemüht, zwischen beiden zu vermitteln: er schreibt seine letzten Verse über seine Geliebte und über Gott.

Ja, auch über Gott. Denn wie ein Schutzheiliger steht der biblische Lazarus als Titel über diesen letzten Gedichten; »Zum Lazarus«, lautet Heines Vermerk. Zwei Figuren gleiten darin ineinander: der im Leben Geschundene, der nach seinem Tode in Abrahams Schoß liegt, und der von Christus Auferweckte. Und mit der Bibel erwachen sehr alte Bilder zu neuem Leben: die Sanduhr, das leere Haus, das Mysterienspiel von Seele und Tod. Selbst die Sehnsüchte der verspotteten Romantik kehren wieder, im Modus des Spotts. Wie kann man im modernen Paris von der angstvoll flatternden Seele dichten? Indem man sie, indiskret und komisch, mit dem Floh vergleicht, der im Sieb zappelt.

Wo Heine einen Witz macht, da liegt ein Schmerz verborgen. Die Ironie ermöglicht die Aufrichtigkeit; in der Pointe artikuliert sich sein Pathos. So bemerkt er in einem ungefähr gleichzeitig entstandenen Gedicht, im Ernstfall des Sterbens sei kein Platz mehr für graziöse Schäferspiele. Doch indem er sie verneint, führt er sie dann selbst noch einmal auf, als sterbender Schäfer, der sich um sein Lamm sorgt: »Ich war, O Lamm, als Hirt bestellt / Zu hüten dich in dieser Welt.« Es klingt wie ein Gebet. Das Lämmchen Gottes: es heißt hier Mathilde. Das ist, wenn man will, blasphemisch. Aber die Liebe, mit der dieser Sterbende sein Lämmchen noch umsorgt, die ist es nicht. Noch wenn er ihr ausmalt, wie sie bald an seinem Grab stehen werde, mahnt er sie, für den Heimweg nur ja die Droschke zu nehmen; man sei ja nicht mehr so leichtfüßig wie einst.

Ebenso spaßhaft und traurig redet er hier von Leib und Liebe, von Seele und Engel, von Mathilde und Lazarus. Das Heilige und das Profane schlingen sich ineinander, eine anmutige und verwirrende Girlande, bis zum Rätsel im vorletzten Vers. Denn wie verhalten sich die beiden Gegensatzpaare zueinander? »Der Mann und das Weib, die Seel' und der Leib«: Steht das eine für das andere, wie in den alten Allegorien, oder stehen sie nebeneinander als zwei Paare? Dass es beides in der Schwebe lässt, auch das gehört zum Zauber des Gedichts.

Wie unheimlich dieser Zauber werden kann, wie unmerklich Heines Understatement das Grauen umspielt, das zeigt erst der Blick auf die Form seiner Verse: auf seine

Kunst des Metrums. Denn die eine Frage ist, wovon das Gedicht spricht – und die andere: was sich in ihm vollzieht. In mäßig beschwingten Jamben beginnt es, im gleichmäßigen Wechsel unbetonter und betonter Silben. Dann mischen sich unruhig erste dreisilbige Daktylen hinein, in der Liebe zur »süßen Person« und im angstvollen »reißt mich aus«. Das Zittern und Flattern der armen Seele wird im Rhythmus eben des Verses hörbar, der es schildert. Und in der vierten Strophe endlich gehen das Sich-Sträuben, das Winden und Wenden ganz in den Klang ein, so wie im letzten Vers die Hingabe ins Unvermeidliche. Was wie ein Tanzlied beginnt, erweist sich, in Rhythmus und Syntax, als die Beschreibung eines Kampfes. Der Leib verliert diesen Kampf, erwartungsgemäß. Aber was wird aus der Seele, aus dem armen Engel, der zurückbleibt, was wird aus der unhaltbaren Liebe?

ALEXANDER PUSCHKIN

Gib Gott, daß mich nicht Wahnsinn packt.
Nein, lieber alt und arm und nackt;
    Nein, lieber Müh und Leid.
Nicht, weil ich, auf mein Denken stolz,
Von ihm nicht lassen könnt; ich wollt's,
    Ich wär dazu bereit.

Ließ man mich frei, ging alsobald
Ich froh in einen finstern Wald
    Zu einem Schattenbaum.
Ich sänge Fieberphantasien,
Ich würde flammentrunken glühn
    In wirrem Wundertraum.

Ich lauschte, wie die Woge schwillt,
Mein Blick verlör sich glückerfüllt
    In Himmel leer und licht;
Ich hätt mich stark und frei gefühlt
Wie Sturm, der durch die Wälder wühlt
    Und Wälder niederbricht.

Jedoch: wenn dich dein Geist verlässt,
Wirst du, entsetzlich wie die Pest,
    Mit Ketten angepflockt.
Man schließt den Riegel hinter dir
Und reizt durch Gitter wie ein Tier.
    Den Irren, der da hockt.

Und nachts hör ich nicht mehr den Schall
Der glockenreinen Nachtigall,
   Nicht dumpfes Waldgeräusch –
Ich höre nur die Irren schrein,
Der Wärter Brüllen hinterdrein
   Und Ketten und Gekreisch.

Aus dem Russischen von Michael Engelhard

KERSTIN HOLM

DER VERSTAND ALS SCHUTZSCHILD DER FREIHEIT

Alexander Puschkins dichterisches Stoßgebet um den
Erhalt seines Verstandes imponiert, weil es zugleich illu-
sionslos das subalterne Betätigungsfeld dieses Verstandes
schildert. Ohne ihn, erklärt er in fest auftretenden männlichen Reimen, würde er sich frei fühlen und begeistert
mit Naturkräften Zwiesprache halten – auch wenn diese
nur in seiner Einbildung existierten. Doch dann würde er
prompt in Sicherheitsverwahrung kommen. Man braucht
Geistesklarheit, sagt das zu Lebzeiten seines Autors nicht
veröffentlichte Gedicht, um die repressiven Selbstschutz-
kräfte der Gesellschaft in Schach zu halten.
Der hitzig freiheitsliebende Puschkin wusste, dass er
hochgefährdet war. Im Alter von zwanzig Jahren war er
wegen Spottversen auf hohe Regierungsbeamte, die die
gebildete Jugend auswendig kannte, fast nach Sibirien
verbannt und schließlich »nur« nach Südrussland straf-
versetzt worden. Mit 25 Jahren wurde er von Zar Alexander I. aus dem Staatsdienst gefeuert und auf seinem
Familiengut bei Pskow festgesetzt, weil der Staatsmacht
zu Ohren gekommen war, dass er die Existenz Gottes an-
zweifelte und das Ende der Tyrannei herbeisehnte. Wenige Jahre später rettete ihn nur die Begnadigung durch Zar
Nikolai I. vor einer Verurteilung wegen seiner erotischen
Travestie auf die unbefleckte Empfängnis, »Gawriliada«,
deren Autorschaft er wohlweislich leugnete. Und er sah
mit an, wie sein Freund Pjotr Tschaadajew, einer der glän-

zendsten Intellektuellen seiner Zeit und der Begründer
der russischen Philosophie, seiner Schriften wegen für
wahnsinnig erklärt wurde. Es war der erste Fall einer Diagnose geistiger Umnachtung aus politischen Gründen.
Im Unterschied zu dem Europa-Idealisierer Tschaadajew
besaß Puschkin einen starken Sinn für Paradoxien. Er
bewunderte, dass jener in seinem Brief das Fehlen einer
öffentlichen Meinung in Russland beklagte, moralische
Gleichgültigkeit und zynische Verachtung anprangerte.
Doch Tschaadajews Befund, Russland habe zur Mensch-
heitsgeschichte keinen Beitrag geleistet, ließ er nicht gelten. Er sei keineswegs begeistert von dem, was er um sich
herum sehe – dennoch wolle er um nichts in der Welt das
Vaterland wechseln oder eine andere Historie haben.
Puschkin schrieb das titellose Gedicht im Herbst 1833, als
der Gipfelpunkt seiner Beliebtheit überschritten war und
er sich immer stärker der Prosa und historischen Sujets
zuwandte. In jenem Herbst entstanden auch die Novelle »Pique Dame« und die Verserzählung vom »Ehernen
Reiter«. In beiden Texten verlieren die Helden den Verstand, einmal, weil die vermeintlich todsichere Roulette-
kombination doch nicht aufgeht, das andere Mal, weil die
Petersburger Sturmflut das Häuschen der Angebeteten
vernichtet. Auch ein Meisterwerk wie der »Eherne Reiter« konnte zu Puschkins Lebzeiten die Zensur nicht
passieren.
Puschkin betrachtet die eigene Existenz aus der Distanz.
Er imaginiert einen glücklichen Wahnsinn – im Unterschied zu dem seiner fiktiven Helden –, wobei er sich
stark und mächtig vorkommt. In der diesen lobpreisen-
den dritten Strophe ist das erste Reimpaar im russischen
Original, das die Worte für »Wellen« und »voll« ver-

klammert, sehr ausdrucksstark, und Puschkin verwendet
es wieder für die Anfangsverse des »Ehernen Reiters«, wo
der in jeder Hinsicht überdimensionierte Peter der Große
porträtiert wird. Doch der Anblick eines Schriftstellers,
dessen romantischer Pegasus zur Unzeit mit ihm durch-
gegangen ist, löst bei anderen Schrecken aus. Und dieser
tauscht, ironischerweise durch eigenes Mittun, die wilde
Natur, für die er schwärmt, ein gegen die Hölle einer ge-
schlossenen Anstalt. Freiheit bedarf des Verstandes als
Schutzschild, der sie vermittelt und tarnt, mahnt mit her-
ber Anmut dieses poetische Juwel, das zumal in schweren
Zeiten vielen Menschen eine Stütze war.

THEODOR STORM
LIED DES HARFENMÄDCHENS

Heute, nur heute
Bin ich so schön;
Morgen, ach morgen
Muß alles vergehn!
Nur diese Stunde
Bist du noch mein;
Sterben, ach sterben
Soll ich allein.

WOLF WONDRATSCHEK
TOD DES HARFENMÄDCHENS

Sie sieht ihn kommen
und öffnet die Tür.
Sie tut es für immer.

Der Fehler, Gefühle zu haben, fällt ihr nicht auf.
Im Gegenteil, sie möchte lieben dürfen, lange,
ausdauernd lange bis zu ihrer Genesung.

Was im Schlafzimmer geschieht,
ist kein Grund, deutlich zu werden.
Nur soviel: Er erledigt, was er will,
wie mit einer, die sie nicht ist,
und geht, wie er gekommen.
Selbst die Erinnerung an ihn
hat er mitgenommen.

RAINER MARIA RILKE
LIED VOM MEER

CAPRI. PICCOLA MARINA
Uraltes Wehn vom Meer,
Meerwind bei Nacht:
          du kommst zu keinem her;
wenn einer wacht,
so muß er sehn, wie er
dich übersteht:
          uraltes Wehn vom Meer,
welches weht
nur wie für Ur-Gestein,
lauter Raum
reißend von weit herein …

O wie fühlt dich ein
treibender Feigenbaum
oben im Mondschein.

JAN VOLKER RÖHNERT
DER CAPRI-CODE

Capri hat zwei Gesichter. Alles scheint sich unter jeweils
umgekehrten Vorzeichen zu wiederholen: Dem Fährhafen
der Marina Grande im Westen liegt die Bootsanlegestelle
der Marina Piccola im Osten gegenüber, das mondäne
Capri-Städtchen hat sein Echo im nördlichen, am Monte
Solfatara gelegenen Bergdorf Anacapri; die Sirenenfelsen
der Faraglioni südlich der Marina Piccola sind doppelt,
als hätte der Ursprung hier sogleich sein Echo erzeugt.
Wessen Ursprung? Des Sirenenlieds und der orphischen
Gesänge, die vor Capri aufeinanderstießen? Nicht nur
Odysseus maß sich im IX. Gesang der Odyssee, an den
Mast gebunden von seinen Kameraden, denen er die
Ohren mit Wachs versiegelt hatte, mit den betörenden
Sirenen; schon der Argonaut Orpheus hatte ihrem Lied
mit seinem eignen so zugesetzt, dass sie Jason mit dem
Goldenen Vlies passieren ließen.
Ein Echo dieser Ursprungsmythen geistert durch Rilkes
Gedicht. Wäre er nicht auf Capri gewesen, er hätte die In-
sel erfinden müssen. In ihrem Namen konzentriert sich,
in vierzehn unscheinbare Verse verpackt, sein Œuvre von
den »Neuen Gedichten«, in deren zweiten Teil 1908 auch
das »Lied vom Meer« erschien, bis zu den Sonetten an Orpheus. Es war ein seltsames Halbjahr, das Rilke zwischen
Dezember 1906 und Mai 1907 als Gast von Alice Fähnd-
rich, Gräfin zu Nordeck, mit der blutjungen Manon zu
Solms-Lauterbach auf Capri verbrachte, während er sei-

ner Frau Clara Westhoff Sonntagsbriefe nach Ägypten
schrieb. Rilke bewohnt das sogenannte »Rosenhäuschen«
im Garten der Villa Discopoli und beklagt sich über die
eiskalten Stürme, die bis in den März die Insel heimsuchen
und der mediterranen Landschaft einen nordischen An-
strich verleihen. Die Touristen, eine Plage seit August
Kopischs Wiederentdeckung der Blauen Grotte 1838,
meidet er wie die Pest. Die Via Tragara, wo Fähndrichs
Villa lag, und die heute nur mit Nerudas, nicht aber Rilkes
Anwesenheit kokettiert, macht es leicht, Piccola Marina,
Faraglioni und die heute noch menschenleere Einsamkeit
der karstweißen, mit Rosmarin- und Ginsterbüschen,
Pinien und Korkeichen bewaldeten Südostspitze zu erreichen – sie ist die direkte Verlängerung der Via Tragara, die
so gleichsam von der Zivilisation in archaische Kargheit
zurückführt; das steckt schon im Namen des Gässchens,
der auf Altgriechisch so viel wie »Ziegengemächt« oder
»Bocksbeutel« heißt und etymologisch an die Tragödie
rührt.
Der doppelte Boden der Insel ist in Rilkes Lied wunderbar
gegenwärtig, weil es sich selber auf dem doppelten Boden
der Sprache bewegt. Die Dinge sind nur auf den ersten
Blick, was ihr Name zu sein vorgibt. Fast alles taucht
zweimal auf, ohne in der Wiederholung miteinander iden-
tisch zu sein. Einmal ist das »uralte Wehn« mit »du« an-
gesprochen, als gäbe es eine gemeinsam geteilte Sprache;
das zweite Mal rückt es in Distanz: »nur wie für Ur-Gestein« – da ist die Elementarmusik nur im Vergleichspar-
tikel abrufbar; das Wie trennt die Sprache der stummen,
aber keineswegs lautlosen Dinge vom menschlichen Logos, der sie nur beschwören, nicht aber ›verstehen‹ kann.
Der »laute Raum« will unentwegt gedeutet sein, was mit

den rhetorischen Künsten der Sprache gerade nicht oder nur vorläufig gelingen kann.

Das Bild des »treibenden Feigenbaums« schließlich enthält schon die Blätter, die sich ohne Blütenstand unmittelbar aus der Knospe in die Sonne hinein entrollen: Hände, die die Welt begreifen wollen. Hier verbirgt sich der Code zu Rilkes später Lyrik, die mit der Beschwörungskraft sprachlicher Tropen an die Elemente reicht und genau dadurch zeigt, dass ihrer gar nicht habhaft zu werden ist. Die Lieder, die so entstanden, sind die betörendsten Gesänge, seit es keine Sirenen mehr gibt.

ROBERT WALSER
WIE IMMER

Die Lampe ist noch da,
der Tisch ist auch noch da,
und ich bin noch im Zimmer,
und meine Sehnsucht, ah,
seufzt noch wie immer.

Feigheit, bist du noch da?
und, Lüge, auch du?
Ich hör' ein dunkles Ja:
das Unglück ist noch da,
und ich bin noch im Zimmer
wie immer.

HANS-ULRICH TREICHEL

BITTERE BILANZ

Wer ein Geschäft besitzt, einen Schreibwarenhandel bei-spielsweise, der weiß, dass einmal pro Jahr eine Inventur fällig ist. Dann muss alles gezählt werden, was sich im Laden befindet. Jeder Bleistift, jeder Radiergummi, jede Feder und jedes Lineal. Was eine mühevolle Angelegen-heit ist und wofür der Ladenbesitzer hoffentlich einen, mit Walser zu sprechen, »Gehülfen« oder »Commis« hat, dem er diese Arbeit überlassen kann.

Robert Walser kannte sich damit aus, sowohl mit den kleinen Dingen des Lebens, den Bleistiften, Radiergum-mis, Federn und allen möglichen Papiersorten, die ihm als Schreibunterlage dienten, als auch mit dem Leben der kleinen Angestellten, die sich besagten kleinen Dingen widmen. Und er selbst besaß ja – im übertragenen Sin-ne – auch so etwas wie einen Schreibwarenhandel. Sein »Prosastückligeschäft« hat er diesen Handel genannt. Walser freilich hatte keinen Kommiss, er war sein eigener Angestellter, und er hat dieses Geschäft unermüdlich und nicht ohne Wirkung vorangetrieben. Bis hin zur großen Erschöpfung sozusagen, die ihn erst als Schriftsteller ver-stummen ließ und ihn schließlich für mehr als zwei Jahr-zehnte in die Heil- und Pflegeanstalt Herisau geführt hat, wo er im Jahr 1956 gestorben ist.

Walsers Gedicht »Wie immer« ist 1909 in einem biblio-philen Bändchen mit dem Titel »Gedichte« erschienen. Von der Machart her ließe es sich der Gattung der In-

venturgedichte zurechnen, dessen bekanntestes Beispiel
in der deutschen Literatur wohl Günter Eichs 1947 erst-
mals publiziertes Gedicht »Inventur« ist, in dem heißt es:
»Dies ist meine Mütze, / dies ist mein Mantel, / hier mein
Rasierzeug, / im Beutel aus Leinen«. Eich hat das Gedicht
unmittelbar nach dem Krieg in amerikanischer Kriegsgefangenschaft geschrieben, und es demonstriert, wie sich
jemand nach überstandener Katastrophe anhand der wenigen Dinge, die um ihn sind, seiner Existenz versichert.
Auch Walsers Gedicht hat diesen katastrophischen beziehungsweise nachkatastrophischen Klang, als sei ein Sturm
durch das Zimmer des Poeten gefahren, als habe ein Beben das Haus erschüttert, und als müsse er sich nun vergewissern, ob alles noch an seinem Platz ist, einschließlich
seiner selbst: »Die Lampe ist noch da, der Tisch ist auch
da, / und ich bin im Zimmer«.
Aber es gab keinen Sturm, kein Beben und auch keinen
Krieg. Es ist vielmehr der ganz gewöhnliche Alltag, der
gleichwohl für Walser beunruhigend genug ist, um sich
zu fragen, ob all das, was gleichsam die Elementaraus-
stattung seines Lebens ausmacht, noch vorhanden ist. Er
beantwortet sich diese Frage mit einem Ja, das freilich von
höchster Ambivalenz ist: denn da ist neben der Lampe
und dem Tisch noch einiges mehr, was offenbar ebenfalls
zur Grundausstattung seines alltäglichen Lebens gehört:
die »Sehnsucht«, die »Feigheit«, die »Lüge« und das »Unglück«. »Wenn die Irrtümer verbraucht sind«, heißt es bei
Bertolt Brecht, »Sitzt als letzter Gesellschafter / Uns das
Nichts gegenüber.« Aus der Perspektive Robert Walsers
ließe sich ergänzen: Mit der Sehnsucht, der Feigheit, der
Lüge und dem Unglück haben wir schon immer Tisch
und Bett geteilt.

In der Handelsschule kann man lernen, dass die Inventur die Voraussetzung einer ordnungsgemäßen Bilanz ist. Walsers Bilanz ist dementsprechend bitter. Diese Bitterkeit wird hier nicht, wie in vielen von Walsers Texten, durch Spiel, Ironie, Kindlichkeit oder gar Albernheit gemildert. Oft genug ist der Schriftsteller Walser zum Lachen. Und vermag seine Traurigkeit durch Humor erträglicher und vielleicht überhaupt erst sagbar und verstehbar zu machen. In diesem eher kunstlosen, aber durchaus wirkungsvollen Gedicht, lacht niemand. Nicht der Autor und nicht der Leser. Aber auch Letzterer weiß auf Anhieb, was gemeint und wovon die Rede ist.

WILLIAM CARLOS WILLIAMS
ICH WOLLTE NUR SAGEN

Ich habe
die pflaumen
im eisschrank
gegessen

die du sicher
aufheben
wolltest
fürs frühstück

Vergib mir
sie waren köstlich
so süß
und so kalt

Aus dem Amerikanischen
übertragen
von Heinrich Detering

HEINRICH DETERING
EIN PFLAUMENLEICHTER AUGENBLICK
VERBOTENER FREUDE

Dieser 1934 veröffentlichte Text ist kein Gedicht, wie man es sich an einem meditativen Schreibort ausdenkt. Dies ist ein Zettel auf dem Küchentisch, ein *objet trouvé*. Wer ihn ohne diesen Zusammenhang liest, befindet sich in der Situation eines Detektivs, der das Fundstück, tastend und mutmaßend, als Zeichen weitläufiger Zusammenhänge entziffern muss. Und in der Tat werden die Zusammenhänge immer weitläufiger, je länger man hinsieht.

Wer hat das geschrieben? Jemand, der sich mit jemand anderem einen Kühlschrank teilt. Der oder die andere ist abwesend; wenn die Notiz gelesen wird, bei einem leider pflaumenlosen Frühstück, ist wiederum der Schreiber abwesend, sonst müsste er ja nicht schreiben. (Benützen wir der Kürze halber die maskulinen Formen, obwohl wir über das Geschlecht der Beteiligten nichts wissen; Williams hat später angedeutet, er habe hier einen Zettel seiner Ehefrau verwendet, aber das ist nicht Teil des Gedichts.) Ort des Geschehens ist eine Wohnung in Amerika, wo die Kühlschränke früher »iceboxes« hießen. Es ist Herbst, Pflaumenzeit. Und es ist vermutlich Nacht: Jemand ist wach, jemand anderes schläft und soll nicht geweckt werden; schon die bloße Existenz dieses Zettels ist ein Ausdruck der Rücksicht.

Daran hat es der Schreiber allerdings gerade fehlen lassen. Die Pflaumen, die am Morgen das Frühstück versüßen

sollten, hat er bei Nacht verzehrt; das beichtet er auf diesem Zettel. Das ist alles, und es wäre trivial, wenn es nicht
dargeboten würde wie eine Kostbarkeit, die man umsich-
tig entfalten muss, in den Versen eines Gedichts. Die gra-
phisch gleichmäßigen Strophen ergeben einen halbwegs
gleichmäßigen, jambisch-daktylischen Rhythmus. Doch
die Überschrift, die bereits zum ersten Satz gehört, macht
einen prosaischen Anfang, alltäglich wie dieser ganze
Text. Und so poetisch, wie es der Alltag zweier Liebender
unverhofft sein kann; pflaumenleicht, um Mörikes Wort
abzuwandeln.

Wer so schreibt, vertraut darauf, dass jemand dies freund-
lich lesen wird. Und dessen bedarf der Schreiber auch,
denn er – oder sie – hat eine Regel verletzt: hat aufgegessen,
was der Adressat aufbewahren wollte. Wie wichtig dieser
Wunsch gewesen sein muss, zeigt das eine eigene Zeile
füllende »saving« an, das damit, und weil es »aufbewahren« und »erretten« heißen kann, unversehens an Gewicht
gewinnt. Und so redensartlich die Wendung »Forgive me«
klingt, so ernsthaft wird auch sie hier: feierlich eröffnet mit
dem einzigen Großbuchstaben des Gedichts (außer dem
»I« zu Beginn). Das Beiläufige der Redensart und die Fei-
erlichkeit des großen Wortes halten einander die Waage.
Auf »saving« und »Vergebung« aber folgt nur eine Skizze
der Situation, in die sich der oder die Angeredete doch gewiss hineinversetzen kann: Die Süßigkeit und die köstliche
Kälte waren den Augenblick verbotener Freude wert; zur
Erklärung genügt das zweifache »so«, der Adressat weiß
dann schon. Dass die Süßigkeit ein Genuss war, leuchtet
ein; aber warum die Kälte? Der Schreiber muss erhitzt, die
Abkühlung eine Wohltat gewesen sein. Das, sagt sein »so«,
wirst du doch nachfühlen können.

»This Is Just to Say« ist ein sehr berühmtes Gedicht geworden, dank einer Ökonomie, die mit einem Minimum
an Worten ein Maximum an Beziehungen eröffnet. Es
macht sichtbar, was nicht eigens beredet werden muss;
W.C. Williams hat das in seiner Maxime resümiert:
»There are no ideas but in things.« Das gefundene Objekt
spricht in dem, was es sagt, und in dem Ungesagten, auf
das es hindeutet. Es spricht von Poesie und Alltag, von
einem Augenblick körperlichen und seelischen Glücks,
allein und doch nicht allein. Es zeigt, warum wir einander schreiben; es zeigt in einem winzigen Ausschnitt eine
Beziehung, die so einverständig bleibt, weil sie um Vergebung bitten und auf Vergebung vertrauen kann. Als ich
das Gedicht mit Studenten gelesen hatte – wir verbrachten
eine Doppelstunde mit diesen Worten, die alle auf Anhieb
verstanden zu haben glaubten –, sagte jemand am Ende in
die Stille: »So eine Ehe will ich auch mal führen.«

WILLIAM CARLOS WILLIAMS
VOLLKOMMENHEIT

O lieblicher Apfel!
herrlich und völlig
verfault,
kaum versehrte Gestalt –

höchstens am Stiel
ein wenig geschrumpft doch sonst
bis ins Kleinste
vollkommen! O lieblicher

Apfel! wie satt
und feucht der Mantel aus Braun
auf jenem un-
angetasteten Fleisch! Niemand

hat dich geholt
seit ich dich auf das Geländer setzte
vor einem Monat, damit
du reif werdest.

Niemand. Niemand!

Aus dem Amerikanischen übertragen
von Hans Magnus Enzensberger

DIRK VON PETERSDORFF
DIE IDEE DER SCHÖNHEIT IN EINEM
VERFAULTEN APFEL

Es ist die Handlung eines Menschen, der ein Kind geblieben ist: Einen Apfel, der noch unreif vom Baum gefallen ist, hat er aufgehoben und auf ein Geländer gesetzt. Als er einen Monat später vorbeikommt, sieht er gegen alle Erwartung den Apfel noch immer an dieser Stelle. Kindlich ist der Jubel darüber, der sich in der Fanfare »Niemand. Niemand!« äußert, frei die Selbstverständlichkeit, den Apfel anzureden.

Aber dieses scheinbar dahingesummte Gedicht ist auch eins, das über Schönheit und über einen gelungenen Moment spricht. Schon der Titel, »Perfection« im amerikanischen Original, signalisiert dies, und die ersten Verse treiben ein raffiniertes Spiel mit dem Leser. Denn eingeführt wird der Apfel als lieblich, der zweite Vers lautet »herrlich und völlig«, um dann nach dem Zeilenbruch fortzufahren: »verfault«; das englische »rotten« klingt allerdings noch besser. Vollkommen ist also nicht ein Apfel mit glänzend-polierter Haut, sondern dieser hier, der einen »Mantel aus Braun« trägt.

Zur Vollkommenheit gehört aber auch ein Betrachter, der sich Zeit nimmt und den Apfel genau beschaut. Die Verse vollziehen diesen Blick mit: Der Apfel ist zwar völlig verfault, aber ansonsten »kaum« verändert, in seiner Gestalt also heil. »Kaum« ist aber etwas anderes als ›gar nicht‹, und siehe da, am Stiel ist er ein wenig geschrumpft, aber auch nur dort, so dass man sich insgesamt der Qualität der braunen Haut widmen und über das unangetastete Fleisch darunter nachdenken kann.

Schließlich trägt auch die Überraschung des Ichs zu diesem glücklichen Moment bei. Den Apfel, den man doch beinahe schon vergessen hatte, nun wiederzusehen: Das war nicht zu erwarten. Vollkommenheit ist unwahrscheinlich.

So enthält dieses einfache Gedicht, das von einem Apfel auf einem Geländer handelt, etwas Kompliziertes über die Qualität ästhetischer Erfahrung. Sie entsteht aus der Begegnung mit einem Objekt, das gleichzeitig ganz und versehrt ist, das keinen Nutzen besitzt und mit dem nicht zu rechnen war.

Wer war der Mensch, der solche Spiele mit Äpfeln trieb? William Carlos Williams (1883 bis 1963) lebte und arbeitete als Arzt im ländlichen New Jersey. Einmal, am Anfang des zwanzigsten Jahrhunderts, reiste er nach Europa, studierte die künstlerische Avantgarde, um dann einen eigenen literarischen Weg einzuschlagen. Hochtourende Modernisten wie Pound und Eliot belächelten ihn als bäurisch, er wiederum nannte ihre Künstler-Attitüde einen alten Hut.

Seine Gedichte sind von einer Wendung zu den Menschen und Gegenständen bestimmt, die dem genauen und helfenden Blick des Arztes verwandt ist. Sein Realismus ist schonungslos, gerade in der Beschreibung von Körpern. Seine Basis war die Sprache, die die Menschen in seinem Wartezimmer benutzten. Damit versuchte er eine Welt voller Schönheit und voller Rätsel zu erfassen. Umsicht gehörte dazu, viele kurze Seiten- und Schulterblicke waren nötig, auch während der Arbeit in der Praxis mussten erste Stichworte hingekritzelt werden.

»No ideas but in things«, das ist sein berühmtester Grund-
satz. Auch der Apfel auf dem Geländer enthält Ideen. Am
Ende sollte man sie aber wieder ruhen lassen und sich einfach nur an dem unerwarteten Anblick im Herbst erfreu-
en, zu dem das Gedicht den Leser mitnimmt: Der Apfel
ist noch da!

OSKAR LOERKE

PANSMUSIK

Ein Floß schwimmt aus dem fernen Himmelsrande.
Darauf ertönt es dünn und blaß
Wie eine alte süße Sarabande,
Das Auge wird mir naß.

Es ist, als wenn den weiten Horizonten
Die Seele übergeht,
Der Himmel auf den Ebnen, den besonnten,
Aufhorcht wie ein Prophet

Und eine alte Weise in den Ohren
Der höhern Himmel spricht:
Das Spielen wankt, im Spielen unverloren,
Das Licht wankt durch das Licht.

Heut fährt der Gott der Welt auf einem Floße,
Er sitzt auf Schilf und Rohr,
Und spielt die sanfte, abendliche, große,
Und spielt die Welt sich vor.

Er spielt das große Licht der Welt zur Neige,
Tief aus sich her den Strom
Durch Ebnen mit der Schwermut langer Steige
Und Ewigkeitsarom.

Er baut die Ebenen und ihre Städte
Mit weichen Mundes Ton
Und alles Werden bis in dieses späte
Verspieltsein und Verlohn:

Doch alles wie zu stillendem Genusse
Den Augen bloß, dem Ohr
So fährt er selig auf dem großen Flusse
Und spielt die Welt sich vor.

So fährt sein Licht und ist bald bei den größern,
Orion, Schwan und Bär.
Sie alle scheinen Flöße schon mit Flößern
Der Welt ins leere Meer.

Bald wird die Grundharmonika verhallen,
Die Seele schläft mir ein.
Bald wird der Wind aus seiner Höhe fallen,
Die Tiefe nicht mehr sein.

HARALD HARTUNG
PAN ODER DER GEIST DER MUSIK

Als die Berliner Akademie der Künste zu ihrem drei-
hundertjährigen Jubiläum an ihre ehemaligen Mitglieder
erinnern wollte, stand für mich fest, dass ich über Oskar
Loerke schreiben würde. Seine Gedichte waren mir seit
den fünfziger Jahren vertraut, »Pansmusik« ist eines
meiner liebsten Gedichte überhaupt. Mein Respekt galt
Loerkes privatem Schicksal.

Im April 1933 wurde Oskar Loerke, seit 1928 ständiger
Sekretär der Sektion Dichtkunst der Preußischen Akademie, im Zuge ihrer »Gleichschaltung« unter entwür-
digenden Umständen aus dem Amt entlassen. Mehr: In
seiner Funktion als Lektor des gefährdeten jüdischen
S. Fischer Verlags wurde er im Oktober 1933 genötigt,
das »Treuegelöbnis« von 87 Schriftstellern zu Hitler mit
zu unterschreiben. Demütigung und Schamgefühle ver-
düsterten die ihm verbleibende Zeit bis zu seinem Tod
1941. Aus Loerkes Tagebuch dieser »Jahre des Unheils«
spricht seine »Verzweiflung über das Teuflische«. In seinen »letztwilligen Bitten« heißt es: »Alle meine Freunde
wissen, daß ich nichts, was heilig ist auf Erden, verraten
habe.« Zu seinem Gedenken wünschte Loerke sich Musik
(Bruckner vor allem) und die Lesung von dreien seiner
Gedichte, darunter »Pansmusik«.

Als ich 1995 anfing, über Loerke zu schreiben, boten sich
die Tagebücher als Anregung an, und so schrieb ich einen
Zyklus: fünf Gedichte zu fünf Strophen – auch formell

eine Hommage an Loerke als Liebhaber von Musik und
Zahlensymbolik. Ich schloss mit einem Zitat vom Ende
des Tagebuchs: »Die Notizen / verstummen / Zuletzt Dezember 39: / Seit einigen Tagen Winterfrost.« Was ich hier
anführe, mag andeuten, warum mir Loerkes »Pansmusik«
über seine poetische Qualität hinaus lieb und verehrungs-
würdig ist. Es ist das große Gedicht eines Dichters, der
den Begriff der Größe nie für sich in Anspruch nahm.
Loerke, ein Mann von großer Bescheidenheit, glaubte an
die Unsterblichkeit der Dichtung, hielt dagegen aber »die
Versehrbarkeit und Vergänglichkeit des Dichters«.
Er schrieb »Pansmusik« 1912, mit achtundzwanzig. Da
hatte er die Universität ohne Abschluss verlassen und sich
mit der Erzählung »Vineta« auf das Dasein eines freien
Schriftstellers eingelassen. Nicht unwichtig, zu erwähnen,
dass ihm um diese Zeit die Musik Johann Sebastian Bachs
zur lebenslangen Prägung wurde. Musik ist auch entschei-
dend für unser Gedicht. »Pansmusik« handelt nicht bloß
von Musik, es ist Musik – Musik, wie sie nur der Lyriker
komponieren kann: die Musik von Metrum, Reim, Strophe und rhythmischer Gliederung. Die neun Strophen des
Gedichts, in drei Blöcke gegliedert, schreiben ein gleich-
mäßiges Grundmaß vor: den Wechsel von weiblich en-
denden jambischen Fünfhebern und knappen männlichen
Dreihebern. Wer laut liest, begreift, wie jede Strophe eine
große Bewegung auf- und abschwellen lässt – Atembe-
wegung, Sprache gewordene Musik: »Wie eine alte süße
Sarabande.«
Das Gedicht zeichnet eine abendliche Stromlandschaft
mit einem Floß, das den Gott Pan trägt. Es ist der antike
Hirtengott, der auf der Flöte spielt, mehr aber noch, es ist
im Sinne einer späteren Umdeutung, vor allem der Gott

des Alls, der sich die Welt vorspielt: Sie ist also Schöpfung
durch Musik. Im Flötenspiel wird Pan zum Künstler, der
in seinem Lied die Welt wiederholt oder gar erschafft.
Synästhesien kommen ins Spiel, die Übergänge von einem
Sinnesbereich in einen anderen. Verklärung des Abends
wird Verklärung der Welt, und die Musik wird verklären-
des Licht, ehe sich alles auflöst. In drei Bewegungen vollzieht sich das Geschehen des Gedichts. In Strophe 1 bis 3
erweitert sich die Welt des Floßes durch Wie-Vergleiche:
Der Flötenlaut tönt wie eine Sarabande, und der Himmel
horcht auf wie ein Prophet. Mit Teil zwei (4 bis 6) setzt
die Mythologisierung ein. Pan erscheint als Gott der Welt,
der im Abend das Licht der Welt zur Neige bringt, nachdem er ihre Ebenen und Städte aus seinem Ton gebildet
hat (Ton auch synästhetisch als bildnerische Materie verstanden). Der dritte Teil (7 bis 9) bringt den Abgesang:
Zuletzt ist, was Schöpfung war, ästhetischer Selbstgenuss,
Aufhebung ins Kosmische, Auflösung der »Grundharmonika« und schließlich Einebnung aller Höhen und
Tiefen, Negation der Negation.

Was in »Pansmusik« an quasi philosophischer Weltdeu-
tung anklingt, ist Weltdarstellung aus dem Geist der Musik. Wo Nietzsche aus ihr den Geist der Tragödie beschwor,
komponiert Loerke eine lyrische Partitur: Dichtung ist Mi-
mesis von Musik. Poesie ist wie Musik von Bach, und nur
deshalb rührt sie den Menschen zu Tränen – »wie eine alte
süße Sarabande. / Das Auge wird mir naß.« Der Dichter
aber ist nicht die Musik selbst; er ist bloß ihr Diener, aber
– wie Loerke es sah – Diener in einem höheren Auftrag.

GEORG TRAKL
AN DEN KNABEN ELIS

Elis, wenn die Amsel im schwarzen Wald ruft,
Dieses ist dein Untergang.
Deine Lippen trinken die Kühle des blauen Felsenquells.

Laß, wenn deine Stirne leise blutet,
Uralte Legenden
Und dunkle Deutung des Vogelflugs.

Du aber gehst mit weichen Schritten in die Nacht,
Die voll purpurner Trauben hängt,
Und du regst die Arme schöner im Blau.

Ein Dornenbusch tönt,
Wo deine mondenen Augen sind.
O, wie lange bist, Elis, du verstorben.

Dein Leib ist eine Hyazinthe,
In die ein Mönch die wächsernen Finger taucht.
Eine schwarze Höhle ist unser Schweigen,

Daraus bisweilen ein sanftes Tier tritt
Und langsam die schweren Lider senkt.
Auf deine Schläfen tropft schwarzer Tau,

Das letzte Gold verfallener Sterne.

HENDRIK ROST

DAS GESCHENK EINER FAST SCHMERZHAFT

TIEFEN FREUDE

Der Deutschlehrer weitete seinen Gürtel und atmete tief
ein. Dann rezitierte er, wedelte mit den Armen, warf sein
Haupt hin und her, so dass seine Geschwister-Scholl-
Frisur in Wallung geriet und die gescheitelten Haare
lang seitwärts am Kopf herabhingen. Heym und Lasker-
Schüler, Benn und, ach, der Mensch, das war sein Curri-
culum.
Ich war sein Eleve. So etwa, als er überraschend sein Fahr-
rad auf das Pult stellte, es flickte und uns dann einen Auf-
satz übers Fahrradflicken schreiben ließ. Er galt an der
Schule als verstiegen. In der ganzen Wohnung, hieß es,
lagerten die Kartoffeln. Aber noch heute kann ich einen
Platten schneller beheben, als andere schildern können,
wie ihnen die Schule die Freude am Gedicht ausgetrieben
hat.
So war ich bereit, als ich auf unserem heimischen Breit-
kordsofa lag und wahllos eines der Bücher aus dem Re-
gal über mir griff. Es war ein schmaler, kleinformatiger
Band mit Gedichten. Schon der Name des Autors war ein
Rätsel: Trakl. Das klang mysteriös. Und geheimnisvoll
waren die Gedichte, die ich las. Adler, Mühlen, Mönche,
Düsternis, Wein, Herbst, Tod.
Zuerst hatte ich den Verdacht, auf ein dunkles Geheimnis
meiner Eltern gestoßen zu sein. Nie hatten sie mir diese
Texte gezeigt. Nie hatten wir über Schwermut geredet.

Und wie aufgesetzt wirkte auf uns Kinder das Lachen
der Erwachsenen, wenn Besuch kam und dann über
andere geredet wurde. Über Steuern, über das Wetter –
und über früher. Aber dieses Früher war gar nicht die
Zeit, aus der ich stammte. Mein Früher war das, worüber
nicht geredet wurde. Das, was ich für möglich hielt, aber
worauf ich keinen Zugriff hatte, ja nicht einmal einen
Namen dafür. Und jetzt fand ich vieles davon in diesem
Buch wieder – ebenso wenig verborgen wie ein Geheimnis des Glaubens. Ich sah und verstand, dass es beinahe
immer um den Tod ging, um Trauer. Und durch dieses
Mitlesen wurde in mir etwas ausgelöst, was ich als eine
große Befreiung empfand. Eine fast schmerzhaft tiefe
Freude.

Es war und ist wahrscheinlich diese überbordende Kraft,
die jeder junge Mensch irgendwann einmal mit Macht zu
spüren bekommt. Sie überkommt einen wie ein Güterzug,
der in voller Fahrt durch einen nächtlichen Bahnhof rast.
Und in jedem der Waggons ist ein Überfluss an Leben, das
sich durch Entstehen und Vernichten selbst am Laufen
hält, und gegen den nichts auszurichten ist.

Es kam, wie es kommen musste. Ich fing selbst an zu
schreiben und hielt einen Zeh in den Strom der Sprache,
der mich packte und mitriss und für viele Jahre hierhin
und dorthin schwemmte. Ich fuhr damals mit dem Rad
in die Nachbarstadt zur Schule, dreizehn Kilometer über
Land, und klemmte mir dabei das dünne Buch mit Trakls
Gedichten vorn zwischen die Bremskabel, so dass ich
während der Fahrt darin lesen konnte. Und sprach laut
die Verse. Fast auf Anhieb konnte ich »An den Knaben
Elis« auswendig. Alles an dem Gedicht traf mich direkt.
So wenig ich verstand, so genau wusste ich, dass ich

eine Begeisterung erlebte, die ohne Rechtfertigung aus-
kommt.

Als nicht so eifriger Schüler musste ich einmal versäumte
Hausarbeiten nachreichen. Ein weiterer Schüler und ich
gingen zu Beginn der Stunde nach vorn und zeigten dem
Deutschlehrer unsere Hefte. Er lobte den Schüler vor mir
dafür, wie ordentlich und gewissenhaft er die Fragen nun
doch beantwortet hatte. »Du solltest Jurist werden«, sagte
er ihm mit Blick auf die Fleißarbeit und entließ ihn. Ich
trat vor, legte mein Heft aufs Pult und fragte, ob ich auch
Jurist werden sollte. Der Pauker sah mich an: »Nein«,
sagte er und machte eine Pause. Dann: »Du solltest Schau-
spieler werden.« Damit war ich entlassen und trat aus der
Höhle.

Vielleicht war es dies Gedicht, in dem so gar kein Unterschied zwischen Geschlechtern, zwischen Leben und
Tod, zwischen Ich und Kosmos mehr auszumachen ist,
das mich lange daran gehindert oder – anders gesagt – davor bewahrt hat, etwas Bestimmtes sein zu wollen. Wie,
in Gottes Namen, sollte das auch möglich sein in dieser
Welt, in der ich, schließe ich mich Trakls Feier des Ganzen
an, schon alles bin.

GEORG TRAKL

SONJA

Abend kehrt in alten Garten;
Sonjas Leben, blaue Stille.
Wilder Vögel Wanderfahrten;
Kahler Baum in Herbst und Stille.

Sonnenblume, sanftgeneigte
Über Sonjas weißes Leben.
Wunde, rote, niegezeigte
Läßt in dunklen Zimmern leben,

Wo die blauen Glocken läuten;
Sonjas Schritt und sanfte Stille.
Sterbend Tier grüßt im Entgleiten,
Kahler Baum in Herbst und Stille.

Sonne alter Tage leuchtet
Über Sonjas weiße Brauen,
Schnee, der ihre Wangen feuchtet,
Und die Wildnis ihrer Brauen.

LUTZ SEILER

IN BLAUER STILLE LÄUTEN BLAUE GLOCKEN

Bei meinen Recherchen für eine Romanfigur bin ich
»Sonja« wiederbegegnet. Zuletzt hatte ich das Gedicht
vor knapp drei Jahrzehnten gelesen, als Student. Zwei
Nächte schlief ich kaum, um alles über den Morphinisten,
Heeresapotheker und Opiumesser Georg Trakl zu lesen,
was in der Institutsbibliothek vorrätig war – Trakl schlug
mich vollständig in seinen Bann.

Von der ersten Zeile an das Trakl-Gefühl. Man betritt
einen Zauberort, ein traumhaftes Gelände, ein Geheim-
nis: »Abend kehrt in alten Garten; / Sonjas Leben, blaue
Stille.« Stille heißt der alles dominierende Zustand dieses
Gedichts. Eine Stille, die auf seltsame, beinahe ungelenke
Weise beschworen wird, der doppelte identische Reim
in den Strophen eins und drei bringt sie zum Klingen.
In blauer Stille tönen die blauen Glocken und läuten den
Schritt; eine Tonart zunehmender Kälte wird angestimmt.
Das Erhabene dieser Szene erinnert an Bilder von Böck-
lin, den »Heiligen Hain« zum Beispiel, das Herbeischrei-
ten der Priesterinnen. Ohne Zweifel ist es die Stille einer
Andacht, und genauer besehen die einer Totenfeier, die
Trakl uns vor Augen führt. Nur ist hier die Tote selbst
unterwegs – wie eine Erscheinung schreitet (gleitet) Sonja
durch das herbstliche Portal aus kahlem Baum, und wie
eine Heilige ist sie dabei mit Zugvögeln und sterbendem
Tier im Bunde. Ihre Stille ist blau, ihre Wunde ist rot,
und ihre Brauen sind weiß. Über die Farbmetaphorik bei

Trakl wurde sehr viel geschrieben, eine eindeutige Zuord-
nung gibt es nicht. Für »Sonja« wird das Weiß doppelt
eingesetzt, als Ausdruck ihrer Reinheit (weißes Leben)
und zum Zeichen des Todes. Am Ende liegt Schnee auf
ihren Wangen. Im ersten Moment überwiegt die Empfindung eines behütenden, zärtlichen Schnees, der Sonjas
Unversehrtheit betont, doch es könnte auch das Weiß des
Schimmels und der Verwesung sein, das Trakl auf seine
Weise ins Bild nimmt.
Aber wer ist diese Sonja? Bekannt sind Trakls Anleihen
bei Rimbaud und seine Verehrung für die russische Literatur, insbesondere für Dostojewski und Tolstoi, deren
Menschenbild Trakls Ideal von Einfachheit und Askese
entspricht. In der glaubensstarken Sonja aus Dosto-
jewskis Roman »Schuld und Sühne« entdeckt Trakl eines
jener weiblichen Vorbilder, die er ins Gedicht nimmt und
auf unterschiedliche Weise (und anders als Dostojewski)
zu Opferfiguren gestaltet, die für andere ihr Leben hinge-
geben haben: »Wunde, rote, niegezeigte / Läßt in dunklen
Zimmern leben.«
Am Ende mutet der traumhafte Blick in Trakls alten Garten wie ein Blick ins Jenseits an oder in einen Raum des
Übergangs, der erhaben, mit sanftem Schritt und in Gesellschaft sterbender Tiere (»im Entgleiten«) durchquert
wird, ein Daheim für die Toten, ein Ort, der ihrem ge-
heiligten Wesen entspricht. Dabei ähnelt der Auftritt Sonjas dem all der anderen weiblichen Schattengestalten, die
Trakls Gedichte bevölkern (die Mönchin, die Fremdlin-
gin, die Jünglingin, die Schwester), stumm, erhaben, mit
der Natur im Bunde und weit über dem heruntergekom-
menen Leben stehend. Bei Trakl sind die Toten die Guten.
Das Leben hingegen ist böse, schäbig und voller Unrat.

Im Oktober 1914 liegt der Heeresapotheker Georg Trakl
im Garnisonsspital von Krakau zu »Beobachtung und
Diät«. Schwächeanfälle und Selbstmordversuche hatten
zu seiner Einweisung geführt. Wenige Tage vor seinem
Tod bittet er den Kurt Wolff Verlag telegraphisch um die
Zusendung eines Exemplars von »Sebastian im Traum«,
jener Sammlung, die auch das Gedicht »Sonja« enthält.
Am 3. November stirbt der Dichter an einer Überdosis
Kokain. Sein neues Buch hat er nicht mehr gesehen.

GEORG HEYM
GEBET

Großer Gott, der du auf den Kriegsschläuchen sitzest.
Vollbackiger du, der den Atem der Schlacht kaut.
Lass heraus wie Sturm gegen Morgen den Tod,
Gib uns, Herr, Feuer, Regen Winter und Hungersnot.

Dass das Kriegshorn wieder im Lande schallt,
Dass die Äcker liegen mit Leichen voll,
Öde Zeit ist, wie ein Kranker das Jahr,
Herr gib uns das Feuer. Und reiche uns Prüfungen dar.

HERBERT LEHNERT

DIE LEBENDEN VERBERGEN SICH

VOR DEN TOTEN

Der vierundzwanzigjährige Georg Heym ruft einen
Kriegsgott an gegen die Welt und gegen die Zeit, in der
er lebte. Eine Zeile aus einem früheren Entwurf dieses
Gedichts sagt: »Wir ersticken, Herr, denn wir sind fett
und krank.« Ähnlich schrieb Heym am 15. September
1911 in sein Tagebuch: »Mein Gott – ich ersticke noch mit
meinem brachliegenden Enthusiasmus in dieser banalen
Zeit ... Ich hoffte jetzt wenigstens auf einen Krieg. Auch
das ist nichts.« Im September 1911 drohte die Regierung
des Deutschen Reiches mit Krieg gegen Frankreich, Aber
es fand sich damals noch eine friedliche Lösung.
Derselbe Georg Heym, der das Ende der wilhelminischen
Bürgerklasse wünschte, genoss deren Privilegien. Wie sein
Vater, mit dem er in Hassliebe verbunden war, studierte
der junge Heym Rechtswissenschaften, aber bald verach-
tete er diesen Beruf. Der gehasste Vater schrieb Gesuche
an preußische Regimenter um Aufnahme seines Sohnes
als Fahnenjunker. Heym wollte Offizier werden, obwohl
er voraussah, dass er den »schrecklichen Zwang« (Tagebuch vom 22. September 1911) nicht ertragen würde.
Ein in Metz stationiertes preußisches Regiment nahm ihn
an. Die Nachricht traf ein, als er schon tot war. Im Januar
1912 war er mit einem Freund zum Schlittschuhlaufen auf
die Havel in Berlin gegangen. Die Polizei hatte sicheres,
festes Eis markiert, aber gerade diesen erlaubten Kurs

wollten die beiden nicht fahren. Der Freund geriet in ein
nur mit dünnem Eis bedecktes Angelloch, Georg Heym
versuchte ihn zu retten und ertrank.

Heyms Gebet bittet einen großen Gott um Krieg. Das ist
nicht der alte Gott seiner Eltern. In seinem Tagebuch vom
26. Juni 1910 beweist Heym sich, dass es keinen guten und
allmächtigen Gott geben kann, und ein Gedicht aus dem
Februar 1910 beginnt so: »Ich verfluche dich, Gott; alter
Narr in dem Flitterstand.« Was das Gedicht verflucht, ist
immer noch da. Heym schrieb Gedichte über die Rollen
des Pilatus und des Judas in der Passion Jesu. Unter dem
Judas-Kuss knickt »der Gott« ein. Dieser »Gott« ist nur
Mensch, heißt es in »Der Garten«. In Heyms Lyrik gibt
es Götter, aber sie sind nicht wie der alte Gott gut und all-
mächtig. Nennen wir sie Dämonen.

Unser Gebet richtet sich an einen großen und bösen Grie-
chengott. Wie Aiolos die Winde, so hat der Kriegsgott
Kriege in seinen Lederbeuteln eingefangen. Heyms Gebet
will, dass der Gott einen Krieg herauslässt. Im vierten und
im letzten Vers wird dieser Gott als »Herr« angeredet.
Dieser Herr wird nicht erlösen, auch kein befreiendes
Erdenglück bringen, sondern Prüfungen: Feuer, Regen,
Hungersnot, qualvolles Sterben. Eine Prüfung soll ent-
scheiden, ob die Geprüften der Größe fähig sind, die die
niedrige, erstickende Öde der wilhelminischen Bürger-
lichkeit überragt. Heym dachte im Sinne Nietzsches, der
schrieb: »Man hat auf das grosse Leben verzichtet, wenn
man auf den Krieg verzichtet.« Das große Leben ist der
Kampf um das Dasein.

Wenn Heym nicht 1912 umgekommen wäre, den Krieg,
um den sein Gebet im Jahr zuvor bat, hätte er bald ge-
habt. Überlebt hätte er ihn vielleicht ebenso wenig wie

der Maler Franz Marc, der 1916 vor Verdun fiel. Wahrscheinlich hätte Heym bald erkannt, dass der Krieg keine Größe verleiht. Denn etwas in ihm wusste und sagte
dies seiner dichterischen Phantasie schon im September
1911.

Von den drei Versionen des Gedichts »Der Krieg«, die
im September 1911 entstanden wie »Gebet«, ist die erste
die berühmteste. Der Dämon Krieg steht auf, tanzt, treibt
Flammen an, verbrennt die Stadt, das biblische Gomorra.
Der Gomorra zerstörte, war der Gott Abrahams, kein guter Gott. Die zweite Version, die beginnt: »Hingeworfen
viele tausend Leiber«, ist auf die Kriegstoten konzentriert,
die von Rabenschwärmen zerhackt werden, bis sie wie
Würmer aus den Äckern kriechen. In dieser Version wird
der Krieg am scheußlichsten beschworen. Die dritte Version ist das endgültige Gedicht »Der Krieg«. Drei gereim-
te Strophen sprechen von den Kriegstoten, die in herbst-
lichen Wäldern umherirren, um sich vor den Lebenden zu
verbergen. Diese Vision denkt nicht an einen gewonne-
nen Krieg. Die letzte Strophe lässt den Dämon Tod groß
über den Untergang schreiten, während »der Sterbenden
Schreien und Lobgesang« ertönen.

Heyms »Gebet« lässt verständlich werden, warum das
Wort »Lobgesang« sich auf »Untergang« reimt. Der Schrecken des Krieges sollte der »öden Zeit« aufhelfen. Leiden
und Katastrophen sind in Kauf zu nehmen. Statt Gottes
werden Dämonen herrschen. Obwohl Heym wollte, dass
der Wilhelminismus, das falsche Deutschland, untergehe,
seine dichterische Imagination wusste: Die Dämonen, die
das bewirken, werden böse Götter sein.

GIUSEPPE UNGARETTI
IN MEMORIAM

Er hieß
Mohammed Sheab

Abkömmling
von Emiren von Nomaden
Er beging Selbstmord
weil er kein Land
mehr hatte

Er liebte Frankreich
und änderte seinen Namen

Wurde Marcel
war aber nicht Franzose
und konnte nicht mehr
leben
im Zelt der Seinen
wo man dem Singsang
des Korans lauscht
einen Kaffee nippend

Und wußte nicht
anzustimmen
den Gesang
seiner Verlassenheit

Ich habe ihm das Geleit gegeben
zusammen mit der Besitzerin des Hotels
in dem wir wohnten
in Paris
Nummer 5 rue des Carmes
schäbiges steiles Gäßchen

Er ruht
auf dem Friedhof von Ivry
Vorstadt die immer
erscheint wie am Tag
eines aufgelösten Jahrmarkts

Und ich allein
weiß vielleicht noch
daß er lebte

Aus dem Italienischen von Ingeborg Bachmann

GISELA TRAHMS
DER GESANG DER VERLASSENHEIT

Mohammed Sheab, 26 Jahre alt, setzte seinem Leben im
Sommer 1913 ein Ende. Zusammen mit seinem Freund
Giuseppe Ungaretti war er aus dem ägyptischen Alexandria nach Paris gekommen, um an der Sorbonne zu
studieren. Schon als Schüler hatten die beiden eine kleine
Literaturzeitschrift herausgegeben, als Studenten teilten
sie ein Zimmer in einem Hotel, das immer noch existiert,
aber nicht mehr »schäbig« ist, genauso wenig wie die rue
des Carmes im Quartier Latin.
Mit Beginn des Ersten Weltkriegs kehrte Ungaretti, Sohn
italienischer Auswanderer, in das Land seiner Eltern zurück und meldete sich 1915 als Freiwilliger an die Front.
Dort, wo der Tod allgegenwärtig war, versah er alle
Gedichte mit Datum und Ort der Entstehung. »In Memoriam« schloss er am 30. September 1916 in Locvizza
ab.
Die ersten Verse rufen den Namen des Toten auf. Im italienischen Original erscheint er als »Moammed Sceab«,
Ingeborg Bachmann wählte für ihre Übersetzung eine
andere, dem Deutschen angepasste Schreibweise. Aber ein
Mohammed Sheab unserer Tage würde wohl kaum seinen
Namen ablegen und sich Marcel nennen in der Illusion,
durch diesen Akt zum Franzosen zu werden. Hundert
Jahre Diskurs über Migration und Identität haben die
Einsicht befestigt, dass Integration in eine andere Kultur
nicht voraussetzt, seine Wurzeln zu leugnen. Sheab, so

deutet es Ungaretti, ging zugrunde, weil er sich zumutete, ein anderer zu sein, als er war.

Im Original heißt das, was Mohammed fehlt, ganz selbstverständlich, ohne Ironie oder Distanzierung, »Patria«, großgeschrieben wie »Francia« und als einziges die Zeile füllendes Wort schwer wie ein Stein. Ingeborg Bachmann mochte 1961 »Patria« nicht mit »Vaterland« wiedergeben, sie übersetzte es mit »Land« und begrub damit den Stein in der allen Menschen gehörenden Erde. »Vaterland« war im Deutschen ein Reizwort und ist es noch heute. Dagegen weckt die Bezeichnung »Land« eher sanfte Assoziationen an einen bäuerlichen Kontext, fern von Pathos und Schuld.

Mohammed Sheab empfand sich als Nichts im Nirgendwo und löschte sich aus. Hätte er »den Gesang seiner Verlassenheit« anstimmen können, gleichgültig in welcher Sprache, hätte ihn dieses Singen, Sprechen, Schreiben vielleicht gerettet. Es hätte ihm geholfen, sich seiner selbst zu vergewissern. Die göttliche Gabe, »zu sagen, was ich leide«, tröstete nicht nur Goethes Tasso. Auch Ungaretti, der in Ägypten aufwuchs, in Frankreich studierte, für Italien in den Krieg zog und später schmerzvolle Jahre in Brasilien verbrachte, war ein Wanderer, für den die Sprache die Heimat bildete, das Rückgrat der Identität. Sein »In Memoriam« klagt um den toten Freund, aber es enthält auch den Rückbezug auf die eigene Kreativität, die es ihm erlaubt, »den Gesang« anzustimmen.

Erleichterung und das Bewusstsein der eigenen Existenz schwingen darin, was in den letzten Worten noch einmal zum Ausdruck kommt. Weshalb sollte der Dichter der Einzige sein, der drei Jahre nach Mohammeds Tod noch weiß, »daß er lebte«? Hatte Mohammed keine Familie

im fernen Ägypten, keine Freunde, Nachbarn, Kameraden? Keine Liebste? Das Privileg des Dichters ist es,
sein Gedenken öffentlich zu machen und damit das »ich
allein / weiß vielleicht noch« gleichzeitig zu behaupten
und zu konterkarieren. Er muss die Worte finden, die im
Gedächtnis haften und lebendig bleiben, hundert Jahre
und länger. Ob und in welchem »Land« dies gelingt, kann
er nur teilweise beeinflussen. Vom glanzvollen Auto-
renquartett der italienischen Lyrik des zwanzigsten Jahrhunderts – Saba, Montale, Quasimodo, Ungaretti – wurde
allein Letzterer von Ingeborg Bachmann übersetzt. Ihre
Auswahl mit dem schlichten Titel »Gedichte«, zu der sie
auch das Nachwort schrieb, hat es seit 1961 auf zwölf
Auflagen gebracht. Dass Mohammed Sheab lebte, wissen
viele deutschsprachige Leser, und die Anteilnahme an
seinem Schicksal dürfte immer noch wachsen. Ein melan-
cholischer Trost, aber doch: ein Trost.

MARINA ZWETAJEWA
AN DEUTSCHLAND

Germanien, alle Völker hassen
Dich jetzt und hetzen gegen dich.
Ich aber will dich nie verlassen.
Verraten gar – wie könnte ich?

Nie war dies meine Überzeugung,
Dies: Aug' um Auge, Zahn um Zahn,
Germanien, meine tiefste Neigung,
Germanien, ach, mein edler Wahn!

Ich halte nicht zu deinen Schergen,
mein arg gehetztes Vaterland,
Wo immer noch der Königsberger
Spaziert: der schmalgesicht'ge Kant,

Und Goethe wandelt durch Alleen
– sein Städtchen ist kaum mehr bekannt –
Er sinnt, lässt seinen Faust entstehen,
Hält den Spazierstock in der Hand.

Wie könnte ich mich von dir wenden,
Germanien, mein lichter Stern,
Denn meine Liebe nicht verschwenden,
halb Lieben hab ich nicht gelernt!

Erfüllt von deinen ew'gen Liedern,
Hab ich für Sporenklirrn kein Ohr,
Mein Heil'ger sticht den Drachen nieder
In Freiburg an dem Schwabenthor.

Nie werde ich von Hass erbeben,
Weil Wilhelms Schnurrbart aufwärts zackt.
Verliebt in dich, solang ich lebe,
Schwör ich dir ew'gen Treuepakt.

Nein, weiser, magischer und tiefer
Ist keins, du reich beschenktes Land,
Wo Loreley von hohem Schiefer
Die Schiffer schlägt in ihren Bann.

1. Dezember 1914

Aus dem Russischen übertragen von Gert Hans Wengel

KERSTIN HOLM

MEIN ARG GEHETZTES VATERLAND

Diese rührende poetische Liebeserklärung an Deutschland schrieb die damals 22 Jahre alte russische Dichterin Marina Zwetajewa am 1. Dezember 1914 als Antwort auf den Deutschenhass, der nach Ausbruch des Ersten Weltkrieges ihre Landsleute ergriffen hatte. Zwetajewa, deren Vater Iwan Zwetajew das Moskauer Museum für westeuropäische Kunst begründete und deren Mutter eine Pianistin polnisch-deutscher Herkunft war, betrachtete die westliche Hochkultur als ihren Existenzgrund. Als Gymnasiastin hatte sie Frankreich, Deutschland und die Schweiz bereist, sie übersetzte Lyrik aus mehreren europäischen Sprachen. Doch in Deutschland stehe die Wiege ihrer Seele, hielt sie im Tagebuch fest, ihren »Seelenhauptteil«, wie die Russin sich ausdrückte, hielt sie für Deutsch.

Marina Zwetajewa fühlte ihre persönliche Treue, die sie Deutschland in lebenslanger Verliebtheit geschworen habe, wie es in der vorletzten Strophe auch im russischen Original exaltiert heißt, durch die politischen Verhältnisse auf die Probe gestellt. Die schrecklichen Nachrichten etwa von der Zerstörung der Kathedrale von Reims durch deutschen Beschuss, von Misshandlungen russischer Kriegsgefangener durch die Deutschen, vom Absturz der einstigen Kulturnation in die chauvinistische Barbarei klangen für sie wie eine hysterisierte Hetzkampagne. Den Philosophen Immanuel Kant sieht sie in der

dritten Strophe zeitentrückt als schmalgesichtigen Alten
durch Königsberg spazieren, im polemischen Gegensatz
zum russlanddeutschen Denker Wladimir Ern (1882 bis
1917), der schon im ersten Kriegsherbst sein Pamphlet
»Von Kant zu Krupp« formulierte, worin er Kants Ver-
nunftkritik und die Kruppsche Waffentechnik zu Mani-
festationen des gleichen, prinzipiell aggressiven deutschen
Geistes erklärte. Für die junge Frau, die, wie sie oft be-
tonte, spartanisch erzogen war und es ritterlich fand, sich
allen anderen entgegenzustellen, war die klassische deutsche Kultur – etwa als Vision des »Geheimrats Goethe«,
der im russischen Original deutsch geschrieben wird wie
auch das Freiburger »Schwabenthor« – realer als das ak-
tuelle, nur räumlich ferne Kriegsgeschehen, das sie, wie
ihre Dichterfreundin Adelaida Gerzik beobachtete, gar
nicht zu bemerken schien.
Marina Zwetajewa erklärte das damit, dass sie sich in
Geographie nicht auskenne. Als erste Zeilen des noch
ganz liedhaft romantischen Gedichtes kamen ihr: »Hab
ich für Sporenklirrn kein Ohr« und »Weil Wilhelms
Schnurrbart aufwärts zackt« in den Kopf, nachdem der
Hauptstadtname Petersburg zu Petrograd russifiziert, die
deutsche Botschaft verwüstet und deutsche Geschäfte
zerstört worden waren. Der bis heute in Russland ver-
breiteten Überzeugung, Deutsche seien spießig, wider-
sprach sie im Tagebuch mit dem Goethe-Zitat: »In der
Beschränkung zeigt sich erst der Meister, und das Gesetz
nur kann uns Freiheit geben.« Der historischen Flutwel-
le, mit der das Ende der alten Welt anfängt, hält die Dichterin, die bald mittellos in Berlin, Prag und Paris leben
wird, donquijotesk die vertikale Dimension des Geistigen entgegen. Ob das wohl von Blindheit zeuge, fragte

sie sich in ihren Notizen und gab sich die Antwort: nein,
von Sehkraft.

An eine Veröffentlichung der Verse war natürlich nicht zu
denken. Doch sie trug sie während des Krieges mehrfach
vor, mit weniger Erfolg in Moskau, mit umso größerem
dafür in Russlands zweiter, europäischer Hauptstadt. Die
Petrograder Lesung mit Anna Achmatowa, Nikolai Gu-
miljow, Sergej Jessenin, Michail Kusmin, die bei Eis und
Schnee den Beginn des letzten vorrevolutionären Jahres
1916 feierten, sei sogar zu einem regelrechten »Gelage zu
Zeiten der Pest« geraten, erinnerte sich Zwetajewa zwanzig Jahre später. Allerdings ganz ohne Wein und Rosen,
allein durch Ausschweifungen des schattenhaften Dich-
terwortes, wobei die allgegenwärtigen Vokabeln »Front«
und »Rasputin« nicht einmal vorkamen.

PETER HUCHEL
MACBETH

Mit Hexen redete ich,
in welcher Sprache,
ich weiß es nicht mehr.

Aufgesprengt
die Tore des Himmels,
freigelassen der Geist,
in Windwirbeln
das Gelichter der Heide.

Am Meer
die schmutzigen Zehen des Schnees,
hier wartet einer
mit Händen ohne Haut.
Ich wollt, meine Mutter
hätt mich erstickt.

Aus den Ställen des Winds
wird er kommen,
wo die alten Frauen
das Futter häckseln.

Argwohn mein Helm,
ich häng ihn
ins Gebälk der Nacht.

JAN WAGNER
SO WIRBELT DER WIND ÜBER DER HEIDE
BRANDENBURGS

Ein Mann sitzt unter Hausarrest in Wilhelmshorst bei
Berlin, wartet darauf, ein Land hinter sich lassen zu dürfen, das er einst für ein besseres gehalten hat, dessen Ob-
rigkeiten ihn nun jedoch als Verfemten behandeln – und
schreibt, ohnmächtig, wie er ist, ein Gedicht ausgerechnet
über einen Machtmenschen, den schottischen Usurpator
Macbeth: eine Konstellation, die erstaunlich anmutet,
auch wenn Peter Huchel sich nicht zum ersten Mal Shake-
speare zuwendet. Ein Gedicht über Ophelia ist bereits
1965 entstanden, ein zweites, »Middleham Castle«, 1968
zu Papier gebracht worden.

»Macbeth« unterscheidet sich markant von den beiden
Vorgängern; denn während Ophelia als Opfer beschrieben wird und der hinkende Richard III. in »Middleham
Castle« seinen Auftritt nur dank der Schilderung eines
Betrachters hat, haben wir es hier mit einem Rollenge-
dicht zu tun: Der zur Untätigkeit verdammte Dichter
spricht als der von seinen Untaten Verfluchte und Ge-
triebene. Huchel erwähnte in einem Gespräch, dass ihm
bei Richard III. Walter Ulbricht vor Augen gestanden
habe. Nicht nur dies, auch die Tatsache, dass die Lei-
che der Ophelia in einem Grenzfluss des zwanzigsten
Jahrhunderts treibt, legt nahe, die Figur Macbeths aus
den mittelalterlichen Highlands zu lösen – ohne sie freilich mit einer anderen gleichzusetzen. Und doch: Wir-

belt der Wind nicht genau so über der Heide Brandenburgs?

Zunächst aber ist es die bildstarke Sprache des Gedichts, die uns bannt, ob die Tore des Himmels aufgesprengt werden oder die »schmutzigen Zehen des Schnees« an der Küste aufsetzen. Huchel greift auf den bekannten Stoff zurück, dessen fünf Akte die fünf Strophen zu spiegeln scheinen – auf die Hexen, mit denen die Tragödie ihren Lauf nimmt und auf die auch das »Gelichter« verweist, bedeutet doch dieses schöne Wort nichts anderes als Sippe, Schlag, auch Geschwister; und die Hexen, man weiß es, sprechen einander als Schwestern an. Das Wort »Geist« wiederum taucht in Shakespeares Drama mehrfach auf und lässt auch bei Huchel verschiedene Assoziationen zu: Natürlich denken wir an den erdolchten Banquo, der als mahnender Schatten wiederkehrt, doch mag man, gerade bei Huchels wild bewegter zweiter Strophe, auch die Worte der Hexengöttin Hekate im dritten Akt im Ohr haben: »Ruft Geister, die mit listgen Sprüchen / Ihn mächtig täuschen, dass Betörung / Ihn treibt zu eigener Zerstörung.«

Sodann ist da jene dunkle Prophezeiung, dass Macbeth erst besiegt werde, wenn der Wald von Birnam sich in Bewegung setze – was er, zum Tarnkleid der Feinde geworden, schließlich tut. Bei Huchel werden seine Wipfel in einer grandiosen Metapher zu den »Ställen des Winds«, und man spürt: so vertraut die Motive sind, so eigenwillig werden sie behandelt und dabei ins Neue gewendet.

Das gilt insbesondere für die zentrale dritte Strophe und jenen, der »mit Händen ohne Haut« am Strand wartet: ein Bild, das verstörend bleibt, so rätselhaft wie bedrohlich, selbst wenn wir es herleiten aus den Worten Macbeths, dass kein Ozean das Blut von seinen Händen waschen könne. Hier hat sich, kein Zweifel, jemand in der Verzweiflung die Haut von den Händen geschrubbt. Aber kann es sein, dass Macbeth als Sprecher sich selbst sieht? Und war es nicht vielmehr Lady Macbeth, seine ebenso schuldige Gattin, die im Wahn ihre Finger reibt und seift und reibt? Wäre jene männliche Gestalt also sie, die doch im ersten Akt die Geister anfleht, sie zu »entweiben«, sie kalt, ihre Milch zu Galle zu machen? Das Grauen bleibt unauflösbar und ganz gegenwärtig in diesen Zeilen. Argwohn aber ist ein Helm, der keinen Schutz bietet, dessen Gewicht hingegen so ungeheuer ist, dass Schlaflosigkeit unausweichlich ist. In der Nacht, mit der alles endet, möchte man fast Mitleid haben mit dem Mitleidlosen – der sich in einer Enge wiederfindet, die drückender ist als die von Wilhelmshorst, das Huchel erst im April 1971 Richtung Westen verlassen darf und dem er einstweilen, im Gedicht, in die Weiten Shakespeares und die Tiefen der schottischen Geschichte entflieht.

GÜNTER EICH
FÄHRTEN IN DIE PRÄRIE

Gedenke noch bisweilen
der Knabenphantasie:
Einst über Meer und Meilen
flogst du in die Prärie.

Sie hält nicht nur die Spuren
von Huf und Mokassin, –
all deine Träume fuhren
mit übers Grasland hin …

Der Rand der Lagerfeuer,
wenn sich die Dämmrung naht,
wölkt um die Abenteuer
am Indianerpfad.

Es stampft die Bisonherde
in das Savannenlicht,
du spürst die ferne Erde, –
dein Auge sah sie nicht.

Da noch die Träume währten,
zuweilen wußtest du's:
Im welken Gras die Fährten
sind auch von deinem Fuß.

JAN VOLKER RÖHNERT

DER MÄRKISCHE MANITOU

Man lege einmal diese beiden Fotografien nebeneinander: den Medizinmann und Häuptling der Lakota-Sioux, Sitting Bull, der 1876 mit seiner auf den Geistertanz eingeschworenen Stammeskoalition am Little Big Horn dem 7. Kavallerieregiment General Custers das berühmteste Desaster der amerikanischen Militärgeschichte bereitete, und den Berliner Facharzt für Haut- und Geschlechtskrankheiten, Gottfried Benn, der seit dem Erscheinen seiner dem Expressionismus und einer Ästhetik der klinischen Pathologie verpflichteten Morgue-Gedichte 1912 die deutschsprachige Lyrik auf den Kopf gestellt hatte – da sind zwei Schamanen, die der Welt mit dem undurchdringlichen Blick einer Sphinx ihre Stirne bieten.

Günter Eich widmete das Gedicht aus seinem Winnetou-Hörspiel »Fährten in die Prärie« im Jahr 1936 nicht zufällig, wenn auch nur für Eingeweihte zu erschließen, Gottfried Benn, über dessen fünfzigsten Geburtstag damals in Deutschland öffentlich geschwiegen werden musste. Denn das SS-Hetzblatt »Das schwarze Korps« und »Der völkische Beobachter« hatten ihn, dessen Verkennung der Lage sich das Nazi-Regime 1933 geschickt zur Mithilfe bei der Gleichschaltung der preußischen Dichterakademie zunutze gemacht hatte, als entarteten Künstler diffamiert und damit ex cathedra aus dem literarischen Leben verbannt. Dass er seinen Eintritt in die Wehrmacht

als »aristokratische Form der Emigrierung« ansah, wie er
bereits 1935 bekannte, wird aus dieser Perspektive nach-
vollziehbar.

In den Kreisen der sogenannten »inneren Emigration«,
mit welcher der junge Günter Eich wie seine Freunde
und Mentoren Oskar Loerke, Wilhelm Lehmann und
Elisabeth Langgässer sich identifizierte, hatte sich Gottfried Benn auf diese Weise schnell den Ruf ihres »Manitou« erworben: Wer wollte, würde die Benn-Hommage
wie jeder gute Fährtensucher aus diesen so unscheinbaren
Hörspielversen herauslesen können. Sie versteckt sich in
exotischen Reimwörtern wie »Prärie« oder »Mokassin«,
die auf Benns sprichwörtliche Reimpreziosen anspielen
(»Es schlummern orphische Zellen / in Hirnen des Okzi-
dent / Fisch und Wein und Stellen, / an denen das Opfer
brennt«), aber auch hinter den dreihebig-elegisch über die
Zeilengrenzen hinwegfließenden Jamben und den volks-
liednahen Kreuzreimstrophen, die ein romantisches, von
Joseph von Eichendorff kultiviertes Schema fortführen,
das Benn, gegen den Strich gebürstet, aber mit ebenso
viel Melancholie und Pathos im Blut auf neue artistische
Höhen gebracht hatte.

Weit über ein Jahrhundert deutscher Indianerromantik
– von den frühen, noch vom alten Goethe gerühmten
Lederstrumpf-Übersetzungen der Romane James Feni-
more Coopers über Friedrich Gerstäcker und natürlich
Karl May bis hin zum Kulturimport erster schwarz-
weißer Leinwandwestern – vermag Eich in diesen zwölf
Versen zu verdichten. Der Indianer ist ein sehr deutscher
Mythos, der schon Generationen Heranwachsender aus
spießbürgerlicher Enge in die utopischen Weiten eines
fernen, unerforschten Kontinents befördert hatte. Aber

das ist längst nicht das Entscheidende: Eich findet für sich
im Bild des Indianers eine Identifikationsfigur geistigen
Widerstands in Zeiten totaler Repression.

Mochte dieser Widerstand nach außen hin – wie einst der
Widerstand der amerikanischen Ureinwohner gegen die
herandringende Zivilisation – auch folgenlos erscheinen,
so schuf er doch zwischen den Mitverschworenen eine ge-
heime Distanz zum Machtapparat, die ihnen die fatalen
zwölf Jahre Nationalsozialismus zu überstehen half. Dass
sie sich diesem gleichwohl nicht entziehen konnten oder
wollten, zeigen nicht nur Eichs und Benns Wehrmachts-
biographien (die für beide sogar eine Art Karriere war,
die sie bis in den Bendlerblock brachte, Benn als Ober-
stabsarzt und Eich als Unteroffizier in der Zensurstelle
des OKW), sondern auch die Tatsache, dass der als Wider-
standsfigur intendierte Indianer von den Machthabern
ebenso zu einträglich harmloser Affirmation umgedeutet
worden ist. Eich konnte sich schwerlich dagegen verwah-
ren, dass sein Radiostück, das der Reichssender Berlin
1936 mit Will Quadflieg in der Winnetou-Rolle ausstrahl-
te, just vom Benn schmähenden »Völkischen Beobachter«
gelobt wurde.

Als der Hörspielpionier Günter Eich 1946 in amerikanischer Kriegsgefangenschaft mit seinem Gedicht »Inventur« auch seine lyrische Zeltbahn neu ausrollte (»Dies
ist mein Notizbuch, / dies meine Zeltbahn, / dies ist mein
Handtuch, / dies ist mein Zwirn«, lautet die letzte der acht
Strophen), ist er auf ganz andere Indianerpfade gelangt,
als er sie noch zehn Jahre zuvor von seiner märkischen
Prärie aus ersonnen hatte. Und doch ist das berühmte
Gedicht der sogenannten »Stunde Null« nicht ganz ohne
das frühere zu verstehen, das wehmütig den Indianermy-

thos beschwor. Deutscher sein, bemerkte Heiner Müller einmal sibyllinisch, heiße auch, Indianer zu sein. Günter Eich konnte ein Lied von Utopie und Abgrund dieser Vorstellung singen.

CHRISTINE LAVANT

Wär ich einer deiner Augenäpfel
oder eines deiner Wimpernhaare
niemals gäbe ich dir Ärgernisse,
und du würdest mich so gern ertragen.

Meine Seele geht jetzt auf die Suche
nach dem nächsten besten Hexenmeister
der an ihr das kleine Wunder täte
denn sie will sich gleich verzaubern lassen.

Freilich hast du schon zwei Augenäpfel
Freilich hast du alle Wimpernhaare,
aber wenn sie Brot und Wasser würde –?
Brot und Wasser brauchst du alle Tage.

ANGELIKA OVERATH
EINE GEFANGENSCHAFT DES LEIBES
UND DER LIEBE

Noch vor jedem Verstehen ist da der Sound. Binnenreime
und Assonanzen überziehen die Verse mit einem Klang-
netz, so dass der fehlende Endreim der Serbischen Trochä-
en gar nicht auffällt. Christine Lavant schlägt die alte Un-
möglichkeitsformel der Liebenden an: »Wenn ich wär'!«
Und taucht mit dem Konjunktiv den Text weiter in eine
musikalische Tönung: »wär«, »Äpfel«, »gäbe«, »würde«.
»Ärgernisse« und »gern ertragen« nehmen in der Klang-
öffnung die »Haare« wieder auf. Kannte sie Stefan Georges
Gedicht »Sehnsucht«, in dem ein Ich »um dein aug' und
haar / alle tage in sehnen leben« muss? Hatte sie das un-
gewöhnliche Wort »Augenäpfel« in Rilkes »Archaischer
Torso Apollos« gelesen? Goethes »Zauberlehrling« mit
dem »Hexenmeister« wird der Autodidaktin gewiss vertraut gewesen sein.
Die Dichterin, die den Namen ihres Heimatflusses zum
Pseudonym machen sollte, wurde 1915 im Lavanttal geboren, als das jüngste von neun Kindern des invaliden
Grubenmaurers Georg Thonhauser und seiner Frau
Anna, einer Flickschneiderin. Der Vater erzählte gerne
»vom Gottsnamwutzl und von anderen Geistern«, und
die innig fromme Mutter sang mit ihren Kindern Kirchen-
lieder und Kärntner Volkslieder. Christine schien kaum
lebensfähig, ein skrofulöses, lungenkrankes Mädchen, das
zwölfjährig nach einer radikalen Röntgenbestrahlung von

einer Tuberkulose geheilt werden konnte. Auch die näs-
sende Skrofulose verschwand. Sie blieb schwächlich, von
Narben an Hals und Gesicht gezeichnet. Die verhuschte
kleine Außenseiterin brauchte sieben Jahre, um die drei-
klassige Grundschule zu absolvieren; auf der Fensterbank
aber schrieb sie Geschichten. Als ein Verlag den ersten
Roman der Siebzehnjährigen ablehnte, nahm sie Tabletten
und kam in die Klagenfurter »Landes-Irrenanstalt«. Nach
dem Tod der Eltern heiratete sie mit 24 Jahren den sech-
zigjährigen erfolglosen Kunstmaler Josef Habernig und
hauste mit ihm hungernd in einem Zimmer. Durch Stri-
cken gewährleistete sie den bescheidenen Lebensunter-
halt: vor sich auf dem Tisch die Bücher aus der Wolfberger
Leihbibliothek, die klappernden Nadeln über dem Schoß.
Als ihr ein Band Rilke-Gedichte in die Hand fiel, sei ihr
gewesen, als »habe man einen Brunnen geschlagen«; nach
einigen epigonalen Versuchen fand sie ihren Ton. Und
schrieb aus dem Lavanttal in den Echoraum der Welt-
literatur hinein.

Ein Ich wendet sich an ein Du. Beinahe sezierend bezeichnet es den Körper des anderen. Einer seiner »Augenäpfel« möchte es sein, oder wenigstens ein »Wimpern-
haar«. Dann würde das Du mit dem Sehorgan des Ich die
Welt schauen; als Wimper könnte das Ich helfen, seinen
Blick zu schützen. Beide Positionen sind intim, gilt das
Auge doch als Fenster der Seele. Das Ich will nicht nur
anteilnehmen am Du, sondern sein Teil sein. Nur wenn
das Ich im Du aufgeht, in ihm untergeht, ist es für das
Du zu »ertragen«. Die Verschmelzung, von der die Zeilen
im Irrealis sprechen, hat aber klanglich schon begonnen
(doppelter Binnenreim »einer / deiner«; die Musik der
Vokale und Umlaute).

Indem sich das Ich in der zweiten Strophe nun als »Seele«
auf den Weg macht zum »nächsten besten Hexenmeister«
(drei Mal zischende Assonanz), der sie »verzaubern« soll,
intensiviert sich die Sprachmagie. Die dritte Strophe voll-
bringt das »kleine Wunder« der Anverwandlung. Sie beginnt mit einer Einschränkung, die zugleich Beschwörung
ist. Wie im Zauberspruch werden die Worte gedoppelt
(Freilich hast du / Freilich hast du; Brot und Wasser / Brot
und Wasser). Da das Du kein Auge braucht und keine
Wimper, inszeniert das sprechende Ich nun eine ganz andere Metamorphose. Das leiblich vollkommene Du wird
doch Hunger haben! So soll die Seele Brot und Wasser
werden und sich als Grundnahrungsmittel dem Du ein-
verleiben: »alle Tage«. Eine inverse Eucharistie. Wasser
und Brot aber sind nicht Brot und Wein. Das Abend-
mahl, das diese Zeilen versprechen, hat auch den Nachhall
von Kerker. Es benennt eine Liebes- und Leibesgefan-
genschaft. Und das Gedicht, das von dieser Wandlung
spricht, ist das Gedächtnis eines Dramas.
Im Jahr 1950 lernte Christine Habernig, 35 Jahre alt, bei
ihrer ersten Lesung den Maler Werner Berg kennen. Auch
er ist verheiratet, 46 Jahre alt, Vater von fünf Kindern.
Berg muss elektrisiert gewesen sein von der enigmati-
schen schmalen Frau, die, ganz in Schwarz mit Kopftuch,
sich halb als Nonne, halb als Kräuterweiblein inszenie-
rend, wie aus der Zeit gefallen ihre Verse las. Eine Glücks-
katastrophe beginnt. Der Mann, attraktiv, gesund, als
Künstler arriviert, wird zum protegierenden Freund der
kranken Debütantin. Während sich Christine von ihrem
Ehemann schon lange entfernt hat, fordert Werner Berg
von seiner Frau Verständnis für die neue Situation. Nach
vier zermürbenden Jahren überlebt Werner Berg Anfang

1955 nur knapp den Versuch einer Selbsttötung. Christine zieht sich zurück. Unter dem Eindruck der erfüllten, gefährdeten, schließlich im Verzicht beendeten Beziehung entsteht in den Jahren 1950 bis 1956 Lavants lyrisches Hauptwerk. Die Sprachzauberin hat ihre Gedichte auch als Brot bezeichnet. Wer sie liest, nimmt teil an einem Hochamt der Liebe.

UNICA ZÜRN
AUS DEM LEBEN EINES TAUGENICHTS

Es liegt Schnee. Bei Tau und Samen
leuchtet es im Sand. Sieben Augen
saugen Seide, Nebel, Tinte, Schaum.
Es entlaubt sich eine muede Gans.

ELKE SCHMITTER

IN DEN EINGEWEIDEN DER SPRACHE

Strenge Form gibt große Lust. Das Anagramm, in dem jeder Buchstabe der Kopfzeile in jeder neuen Zeile wieder Verwendung finden muss, ist eine enge, strenge Form, aus der eigene, große Freiheiten entstehen. Die freilich mit Arbeit verbunden sind (ohne Gebrauch des Computers jedenfalls): einer besonderen Art von Arbeit, in der das stupide und nimmermüde Auszählen sich mit dem hellen, absonderlichen Einfall verbindet – und beides mit einem lyrischen Plan, der eine Stimmung oder auch eine Aussage meinen kann. »Es entlaubt sich eine muede Gans« ist eine Umschreibung des Eichendorffschen Novellentitels »Aus dem Leben eines Taugenichts«; sie passt, wie ihre vorausgehenden Metamorphosen, zu ihrem Vorbild. Auf eine rätselhafte Weise fängt sie die ein wenig trübe Ruhe des Lebenskünstlers ein, der sich nicht engagiert, nur den Erscheinungen, dem Augenschein vertraut, dem Wohlleben ergeben und schließlich einer gewissen Langeweile ausgeliefert ist. Ein friedvoll-sarkastisches Lebewohl ist diese letzte Zeile, vorbereitet durch ein Gewirk aus sinnlichen Metaphern, die Gegenwart, Vergänglichkeit und Zukunft, Natur und kulturellen Luxus, Täuschung, Reflexion und sanfte Verwirrung begreifbar machen – das Leben eines Taugenichts.

Im Jahr 1958 hat Unica Zürn dieses Anagramm verfertigt, in ihrer gewohnt zähen, fast kindlichen Weise, die wir den überlieferten Manuskripten ablesen können: Buchstabe

für Buchstabe ist da durchgestrichen, immer wieder neu
mühen sich Verstand und Phantasie, aus den Zeichen neue
Worte zu bilden, die sich sinnvoll verbinden lassen, wieder und wieder wird da probiert, verworfen, gepuzzelt,
gedreht. Zugleich an der Außenseite und in den Eingeweiden der Sprache zu sein, das ist die Erfahrung des
Anagrammdichtens; in jenen Jagdgründen zu suchen, zu
warten, zu schnuppern, zu hetzen, in denen Klang und
Bedeutung, Laut und Luise dicht beieinander liegen und
beim ersten Schuss gemeinsam ins Blaue hochflattern.
Dazu braucht es die Lust am Zufall, der mit System er-
mittelt wird, und dazu braucht es einen Glauben an tiefere
Zusammenhänge, wie ihn Esoteriker und Kabbalisten haben, Geisteskranke und Gurus, Kinder und Surrealisten.
Unica Zürn, Zeichnerin und Dichterin, war Mutter, Pa-
tientin der Psychiatrie und Gefährtin des Surrealisten
Hans Bellmer – seine Muse, Geliebte, Freundin, Geisha
und Geißel. Die unglückliche Tochter eines Kolonial-
beamten, der in den ersten Genozid des Deutschen Reiches, den Herero-Aufstand, verstrickt war, hatte 1942
durch die Ehe mit einem sehr viel älteren Kaufmann einen
Versuch in bürgerlicher Existenz vorgenommen, ihn 1949
durch Scheidung abgebrochen (die beiden Kinder blieben
beim Vater), sich in Berlin als Dichterin und Feuilletonistin eher recht als schlecht bewährt, war 1953 Hans
Bellmer begegnet und ihm nach Frankreich gefolgt. Das
Milieu, die Freunde und Bekannten (darunter das Ehepaar
Arp, Juliette Man Ray, Leonor Fini) gefielen ihr, die Ar-
beits- und Lebensgemeinschaft tat ihr zunächst wohl, die
Liebesbeziehung ging dann sehr langsam und schmerz-
haft zugrunde.
Das vorgestellte Anagramm entstand in einer noch pro-

duktiven, aber nicht mehr euphorischen Lebens- und Liebesphase; Erstdruck in »Der Monat« drei Jahre später, während Zürn bereits Zwangsinsassin der Karl-Bonhoeffer-Heilstätten in Berlin war (»Diagnose: endgültig: Psychopathie, abnorme Erlebnisreaktion«). Heute ist es nachzulesen in der berückend schönen, akribisch edierten Gesamtausgabe des Schreib-Werks von Unica Zürn im Verlag Brinkmann & Bose. Dort findet sich auch ein Brief von Willy Brandt an François Bondy, betr. Unica Laupenmühlen, geb. Zürn: ein Leben reich an Besonderheiten, ein Werk reich an Preziosen. Deren Subtilität (wie hier der Stabreim von zweiter zu dritter Zeile) von so intensiver Wirkung ist, von einer solchen Verführungskraft, von so zart-immanenter Notwendigkeit – wie sie eben nur solche Gedichte haben.

JOHANNES BOBROWSKI
IMMER ZU BENENNEN

Immer zu benennen:
den Baum, den Vogel im Flug,
den rötlichen Fels, wo der Strom
zieht, grün, und den Fisch
im weißen Rauch, wenn es dunkelt
über die Wälder herab.

Zeichen, Farben, es ist
ein Spiel, ich bin bedenklich,
es möchte nicht enden
gerecht.

Und wer lehrt mich,
was ich vergaß: der Steine
Schlaf, den Schlaf
der Vögel im Flug, der Bäume
Schlaf, im Dunkel
geht ihre Rede –?

Wär da ein Gott
und im Fleisch,
und könnte mich rufen, ich würd
umhergehn, ich würd
warten ein wenig.

MIRKO BONNÉ
DIE SPRACHE DER LIEBENDEN SEI
DIE SPRACHE DES LANDES

Johannes Bobrowski wurde 1917 in Tilsit geboren, er ging
in Königsberg zur Schule, studierte Kunst in Berlin, war
Gefreiter eines Nachrichtenregiments und bis 1949 russischer Kriegsgefangener. Er zog das Leben in der DDR dem
im Westen vor, war Lyriker, Erzähler, Lektor. Bobrowski
lehnte die deutsche Teilung ab. Zeit seines Lebens – er
starb 1965, erst 48 Jahre alt – beschäftigten ihn auf litera-
rischem Gebiet zwei, wie er sie nannte, »Generalthemen«:
Geschichte und Geschichten der osteuropäischen Länder
sowie die Fortführung einer auf der Kraft des poetischen
Wortes gründenden Güte. Es ging ihm um Aussöhnung,
eine vielfältige Balance, die beständig hinterfragt werden
muss, will man ihr gerecht werden.
Davon spricht sein Gedicht »Immer zu benennen«. Wie
den Dingen gerecht werden, wie ihrer unbekannten Seite?
Wer lehrt mich das? Was, wenn keiner es tut, nicht mal
Gott, der Gerechte?
Bobrowski nimmt das 1961 geschriebene Gedicht in
seinen Band »Schattenland Ströme« auf, der wie schon
»Sarmatische Zeit« in West und Ost veröffentlicht wird,
und setzt es ans Ende des letzten Kapitels. Dort geht es
um Menschen und Orte in »Sarmatien«, um die poetische
Wiederbelebung eines vergessenen Kosmos. Das riesige
Gebiet östlich der Weichsel ist eine fantastische Projekti-
onsfläche, Landschaft der ostpreußisch-memelländischen

Kindheit Bobrowskis, Erinnerungsraum, sarmatischer Diwan: »Alter Hof in Wilna«, »Der Judenberg«, »Die Tomsker Straße« – alles soll benannt sein.

»Immer zu benennen« umkreist innere und äußere Barrikaden der Vergegenwärtigung, es schafft den zur glaubhaften Ausgewogenheit nötigen Zweifel: »es ist / ein Spiel, ich bin bedenklich, / es möchte nicht enden / gerecht«. Und Bobrowski löst sich mit dem Gedicht von seinem lange rein historischen Thema: Deutschland und der europäische Osten, für ihn eine »Geschichte von Unglück und Vertreibung seit den Tagen des Deutschen Ordens«. Klopstocks, Lenz' und Trakls Linie über die Mitte des zwanzigsten Jahrhunderts hinaus fortführend, magischen Sound modernisierend, stellen die vier Strophen nun allgemein die Frage nach dem Verhältnis von Benenner und Benanntem, nach der Macht und den Grenzen der Sprache. Für Johannes Bobrowski ist Sprache »abgehetzt / mit dem müden Mund / auf dem endlosen Weg / zum Hause des Nachbarn«.

Baum, Vogel, Fels, Strom, Fisch, Rauch, Wälder – die Reihung vom Einzelnen zur Gruppe, vom Baum zu Wäldern, widerspricht Brecht, dem angesichts so vieler Untaten über Bäume zu reden fast ein Verbrechen schien. Bobrowski aber hält an Hölderlin fest: »Wachs und werde zum Wald! Eine beseeltere, / Vollentblühende Welt! Sprache der Liebenden / Sei die Sprache des Landes«. Noch sein letztes Gedicht »Das Wort Mensch« schließt: »Wo Liebe nicht ist / sprich das Wort nicht aus.«

»Und wer lehrt mich, / was ich vergaß«: Die zweite Hälfte von »Immer zu benennen« fragt nach dem, was fehlt. Fehlt wozu? Und was ergänzt es? Den drei »Zeichen, Farben« zu Beginn – rötlicher Fels, grüner Strom, weißer

Rauch – entspricht die Aufzählung von schlafenden Steinen, Vögeln, Bäumen. Sie haben eine nicht zu ergründende, auch im Gedicht nicht benennbare Nachtseite: »wenn es dunkelt / über die Wälder herab« – das stille Bild am Ende der ersten Strophe wird am Schluss der dritten zu Bewegung und Klang: »im Dunkel / geht ihre Rede«. Die rauschenden Bäume sprechen.

Er habe ein ungebrochenes Vertrauen zur Wirksamkeit vielleicht nicht des Gedichts, schrieb Johannes Bobrowski, »sondern des Verses, der wahrscheinlich wieder mehr Zauberspruch, Beschwörungsformel wird werden müssen«. Wie sich erste und dritte Strophe im ernsten Spiel der Bilder und Alliterationen verknüpfen, so auch die zweite und vierte. Das einzige für sich stehende Wort – »gerecht« – findet seine Entsprechung am Schluss: Wäre er gerecht, der lebendige Gott? Die Antwort ist nicht allein Gottvertrauen. Sie liegt genauso im Maßvollen der Geduld, der Betrachtung, im Umhergehen.

ERNST JANDL
DIE MORGENFEIER

die morgenfeier, 8. sept. 1977 für friederike mayröcker

einen fliegen finden ich in betten
ach, der morgen sein so schön erglüht
wollten sich zu menschens wärmen retten
sein aber kommen unter ein schlafwalzen
finden auf den linnen ich kein flecken
losgerissen nur ein zartes bein
und die andern beinen und die flügeln
fest an diesen schwarzen dings gepreßt
der sich nichts mehr um sich selbst bemüht
ach, der morgen sein so schön erglüht

CLEMENS J. SETZ

DAS KOMMA AUF DEM BETTBEZUG

In Rilkes »Aufzeichnungen des Malte Laurids Brigge« heißt es: »Ich fürchtete mich, wenn im Herbst nach den ersten Nachtfrösten die Fliegen in die Stuben kamen und sich noch einmal in der Wärme erholten. Sie waren merkwürdig vertrocknet und erschraken bei ihrem eigenen Summen; man konnte sehen, daß sie nicht mehr recht wußten, was sie taten. Sie saßen stundenlang da und ließen sich gehen, bis es ihnen einfiel, daß sie noch lebten; dann warfen sie sich blindlings irgendwohin und begriffen nicht, was sie dort sollten, und man hörte sie weiterhin niederfallen und drüben und anderswo. Und endlich krochen sie überall und bestarben langsam das ganze Zimmer.«

Das Schicksal von Insekten als mikroskopische Kurzschrift für das menschliche Leben. In einem Essay beschrieb Virginia Woolf den Tod einer Motte so, als wäre es der des ganzen Universums. Grillparzer schrieb ein Gedicht über eine müde Winterfliege, Wislawa Szymborska eines über einen toten Käfer. Der verrückte Quirinus Kuhlmann verfasste als junger Mann innige Grab-Epigramme auf tote Bienen und Ameisen. Neben Insekten wird der Mensch riesengroß, ein grotesk den Raum ausfüllendes Wesen, eine Schlafwalze. Ernst Jandls »morgenfeier« war das erste Gedicht, das mich zu Tränen rührte. Ich muss etwa sechzehn gewesen sein. Ich lag auf der Couch bei uns zu Hause, hielt das Buch über mir und heulte.

Es handelt, wie man unschwer erkennen wird, von einem Mann, der eine Fliege im Schlaf erdrückt hat. Den auf den ersten Blick so seltsamen Stil, in dem das Gedicht geschrieben ist, nannte Jandl selbst »heruntergekommene Sprache«. Diese sei, so Jandl, noch »poetisch unverbraucht«. Was ist das für ein seltsamer Sprecher, der uns von seiner morgendlichen Entdeckung gerade auf diese Weise erzählt? Wir haben keine Mühe, ihn zu verstehen, aber seine Rede scheint in ein ungutes, düsteres Licht getaucht. Und kaum haben wir uns daran gewöhnt, kommt diese eine Zeile, in der die »heruntergekommene Sprache« verlassen wird: »losgerissen nur ein zartes bein«. Durch die plötzlich wieder an ihren erwarteten Stellen stehenden Wortendungen und die korrekte Grammatik quillt der Vers auf wie unter einer Zoom-Lupe, er wirkt gläsern, klar, zugleich seltsam verrutscht, wie ein Fehler im Gewebe der Welt. So wie das fehlende Bein, ein kleines Komma auf dem sonst unbefleckten Bettbezug.
»Statt Todeswirrnis – Sauberkeit und Ordnung«, wie es im Käfer-Gedicht von Szymborska heißt. Sogar ihre Beine hat die Fliege, um im Tod so wenig Raum zu beanspruchen wie möglich, eingezogen und »fest an diesen schwarzen dings gepreßt / der sich nichts mehr um sich selbst bemüht«. Wieder quillt uns etwas aus dem Gedicht entgegen, diesmal ein einziges Wort: Dings. Ein stammelndes Platzhalterwort. In einer Studie über Agatha Christies Wortschatz stellte der Linguist Ian Lancashire fest, dass dieser über siebzig Romane lang konstant denselben Reichtum aufwies, bis zum 73. Roman. Hier wird das Vokabular simpler, und ein Wort taucht mit extrem erhöhter Frequenz auf: »thing«. Lancashire interpretierte dies als erste Anzeichen einer Demenz, an der Christie of-

fenbar gelitten hat. Verfall und Tod gebären Platzhalter:
ein Dings neben dem anderen.

Und dann dieses unbegreifliche Glühen, das mich – ein
halbes Leben ist es nun schon her – auf meiner Couch zum
Heulen brachte. Die Wiederholung von Gedichtzeilen ist
oft ein Vorgang magischer Verwandlung; man denke etwa
an Robert Frosts unheimlich sich über die winterliche
Welt spannendes: »And miles to go before I sleep.«

Doch bei Jandl geschieht gerade keine Verwandlung:
»ach, der morgen sein so schön erglüht«. Ja, man erkennt
den Vers wieder. Aber er fängt sich durch die Wiederholung keine symbolische Strahlkraft ein. Er erinnert nur
daran, dass das Licht die ganze Zeit da war, während man
auf die kleine Fliege schaute und sich Gedanken machte:
das mysteriöse Erdenlicht, das unseren Lobpreis verdient,
weil es bleibt, wenn seine Geschöpfe vergehen.

JOHN ASHBERY
SPÄTES ECHO

Allein mit unserer Verrücktheit und Lieblingsblume
wissen wir, dass nichts wirklich bleibt, über das man
  noch schreiben könnte.
Oder vielmehr ist es nötig, über die gleichen alten Dinge
  zu schreiben,
in der gleichen Weise, die gleichen Dinge immer
  wiederholend,
des Weitermachens und der allmählichen eigenen
  Veränderung willen.

Bienenstöcke und Ameisen müssen ständig von neuem
  betrachtet werden
und die Farbe des Tages, Hunderte von Malen
eingebracht und wechselnd vom Sommer zum Winter,
an ihr, sich auf den Schritt einer echten Sarabande
zu verlangsamen und dort zu sammeln, lebendig und
  beruhigt.

Nur dann kann die chronische Unachtsamkeit
unserer Leben sich in Falten um uns hängen, versöhnlich
und mit einem Auge auf jene langen hellbraunen
  luxuriösen Schatten,
die so tief in unsere unvorbereitete Kenntnis unserer
  selbst
hineinsprechen, die Sprechmaschinen unseres Tages.

Aus dem Amerikanischen von Joachim Sartorius

JOACHIM SARTORIUS
DIE WIEDERHOLUNG IST EIN
UNVERWÜSTLICHES KLEID

John Ashbery, der 87 Jahre alte Doyen der nordamerika-
nischen Lyrik, hat knapp dreißig Lyrikbände veröffentlicht. In den weit mehr als dreitausend Sekundärtexten
zu diesem Werk wird er meist als Dichter des Vagen und
Unbestimmten, als obskurer ›language poet‹ oder als
Meister der offenen Form, des Auslassens und des un-
vorhersehbaren Inhalts umkreist. Ashbery selbst hat zu
dieser Mystifikation beigetragen. Nach dem Sinn seiner
Poesie befragt, greift er häufig auf Barnett Newmans
Lieblingsspruch zurück: »Birds don't make good orni-
thologists« – Vögel geben keine guten Ornithologen ab.
Aber bei genauerem Hinsehen entdecken wir, dass dieser,
um im Bild zu bleiben, ziemlich seltene Vogel Ashbery
seine Poetik sehr klar und deutlich in seinen Gedichten
versteckt hat. Das Gedicht »Spätes Echo«, erschienen in
dem Band »Wie wir wissen« (As we know, 1979), ist ein
Paradebeispiel hierfür.
Die Eingangzeile skizziert den romantischen Dichter:
einsam, verrückt, visionär. Die »Lieblingsblume« ist eine
Anspielung auf die blaue Blume des Novalis. Ashbery
liebte es, auf nächtlichen Gelagen in New York Zeilen
von Trakl oder Heine – »Du bist wie eine Blume« – auf
Deutsch zu zitieren. Der romantische Dichter weiß, dass
im Grunde schon alles gesagt und beschrieben ist. Doch
korrigiert Ashbery sogleich diese resignative Eröffnung

und unterläuft, fintenreich, wie er ist, unsere Erwartung. Gerade das Wiederholen der gleichen Dinge in der gleichen Weise ist die Aufgabe des Dichters, »der allmählichen eigenen Veränderung willen«. Dieses ›Wiederholen der gleichen Dinge‹ artet nicht in Gleichförmigkeit, in ermüdende Häufigkeit aus. Im Gegenteil, will uns Ashbery sagen, es bedeutet vor allem: zurückholen, im Gedächtnis wiederherstellen, also auch: rekonstruieren, nachahmen, nachschaffen. Das alles sind Tätigkeiten des Künstlers par excellence. Und um uns so richtig zu überzeugen, dass Wiederholungsarbeit Grundaufgabe des Dichters ist, führt er in der zweiten Strophe einige konkrete Beispiele an: Wir müssen, wie Jean-Henri Fabre, die Bienenstöcke immer von neuem betrachten, auch die Ameisen, vor allem die Farbe des Tages im Wechsel der Jahreszeiten, bis sie sich im gravitätisch-lebendigen Tanzschritt der Sarabande sammelt. Sören Kierkegaard hat zum Verhältnis von Wiederholung und Erinnerung Folgendes notiert: »Die Erinnerung ist ein abgelegtes Kleidungsstück, das, so schön es ist, doch nicht passt, weil man aus ihm herausgewachsen ist. Die Wiederholung ist ein unverwüstliches Kleid, das fest und schmiegsam anliegt, weder drückt noch lose hängt.« Ashbery gibt sich in seinem Gedicht als Adept Kierkegaards. Er bricht eine Lanze für die Wiederholung. Dann nämlich, im Weiterschreiben, in den immer gleichen Übungen des Weitermachens, ordnet sich die »Unachtsamkeit unserer Leben«, und wir verändern uns unmerklich, können zu etwas vorstoßen, das uns bisher verborgen war und das uns versöhnlich stimmt.

Nun wäre Ashbery nicht Ashbery, wenn er uns in der letzten Strophe, besonders ihrer Schlusszeile, nicht doch noch ein Rätsel aufgäbe. Ein fliegender Wechsel: von der

konkreten Betrachtung der Welt zu einem Gebiet mehr
oder minder abstrakter Metaphern, vom vertraut An-
mutenden zu einem nicht ganz greifbaren Inhalt, auch
wenn uns das beunruhigend Ungefähre jener »langen
hellbraunen luxuriösen Schatten, die so tief in unsere unvorbereitete Kenntnis unserer selbst hineinsprechen«, fast
schon wie eine Brücke zum Wunderbaren und Singenden
vorkommt. Aber was genau sind »die Sprechmaschinen
unseres Tages«? Im Original: »the talking engines of our
day.« Ist es eine bloße Reminiszenz an die von Ashbery
als Kind bewunderte Comic-Figur ›Thomas the Tank En-
gine‹? Ist es die Poesie selbst? Oder sind es jene Quassel-
maschinen, die uns Tag und Nacht umgeben?
Ashbery hat immer wieder gesagt, dass für ihn die Chan-
cen der heutigen Poesie angesichts einer sich durch Überfülle auszeichnenden Welt in den Möglichkeiten der Re-
kombination des bereits Vorhandenen liegen. So wie die
Postmoderne die Formen und Sprechweisen des Vergangenen weiterführt, also die gleichen Sprachfiguren nutzt
und Tradition als Repräsentation anerkennt, so führt – für
Ashbery – Wiederholung zu einer Vergegenwärtigung des
Vergangenen. Sie spricht in uns hinein wie ein Echo. Aber
kann es, wie der Titel des Gedichts suggeriert, ein »spätes
Echo« geben? Ist es nur das Vergnügen Ashberys an einem weiteren Oxymoron? Ein Echo ist ja immer zeitver-
setzt, kann also gar nicht ›spät‹ kommen. Aber wenn wir
uns innewerden, dass heutiges lyrisches Sprechen durch
Jahrtausende vorangegangener Lyrik gegangen ist, dann
ist »Spätes Echo« eine wunderbare Generaldefinition der
zeitgenössischen Poesie.

GÜNTER GRASS
DER VATER

Wenn es in der Heizung pocht,
schauen ihn die Kinder an,
weil es in der Heizung pocht.

Wenn die Uhr schlägt und Bauklötze
stürzen, schaun die Kinder,
weil die Uhr, den Vater an.

Wenn die Milch gerinnt und säuert,
strafen unverrückbar Blicke,
weil sein Blick die Milch gesäuert.

Wenn es scharf nach Kurzschluss riecht,
schaun im Dunkeln alle Kinder
ihn an, weil's nach Kurzschluss riecht.

Erst wenn seine Kinder schlafen,
blickt der Vater in den Spiegel,
weil er noch nicht schlafen kann.

LORENZ JÄGER

LATENT UNHEIMLICH

Alles spielt sich im Umkreis vertrauter Dinge und alltäglichen Lebens ab. Die Fantastik dieses Dichters entwirft keine exotischen Welten, sie ist auf eine fast kleinbürgerliche und absolut durchschnittliche Weise realistisch. Aber nichts könnte fremder sein als dieses Vertraute. Um die Meisterschaft, ja das gelegentlich Altmeisterliche von Grass erkennen zu können, muss man von dem übermäßig politisch akzentuierten öffentlichen Bild, das er seit den sechziger Jahren von sich entwarf, etwas zurücktreten und die feine Arbeit des Lyrikers beachten. In diesem Gedicht ist ein Böses am Werk – ein Böses jedenfalls, wie es dem Kinderblick erscheint. Dieser Blick muss nicht unbedingt trügen. Ein Unheil liegt auf dieser Familie – aber, wenn es eine Familie ist: Wo steckt überhaupt die Mutter, die mit gutem Zureden das Unheil zu bannen vermöchte?

Man glaubt sich in einer schaurigen Sage der Brüder Grimm wiederzufinden oder in einem der Märchen von Ludwig Tieck, die eine klamme Atmosphäre herbeizaubern können, ohne dass ein einziges schlimmes Wort fällt. Ein Vater kann an sich ein wohlwollender Jupiter-Patriarch sein, aber auch ein kinderfressender unheimlicher Saturn – Grass verstand sich sehr gut auf die Mythologien. Alles mag Zufall sein, oder der Gang der Dinge, wie sie eben sind: Bauklötze fallen um, und die Milch wird sauer. Na und? Aber das, was sich im Gedicht abspielt,

dringt den Beteiligten in alle Poren. Alle Sinne sind an-
gesprochen: das Gehör, der Geschmack, der Geruch. Das
ungenannte »Was überhaupt« wird zu einer Gesamtatmo-
sphäre, der die Kinder nicht entkommen.
Hans Ulrich Gumbrecht hat von einer Art »gewaltsamer
Nervosität« gesprochen, welche das Klima der fünfziger
Jahre bestimmt habe. Das ist wohl der Schlüssel. Und
Gumbrecht sieht eine »Latenz als Ursprung der Gegen-
wart«, ein Unausgesprochenes; noch nicht zur völligen
Erscheinung gekommen, aber spürbar. Ich weiß kein
besseres Wort für dieses Gedicht. Was aber ist eigentlich
Latenz? »In der Situation der Latenz sind wir sicher, dass
etwas da ist, das wir nicht fassen oder berühren können.
Wir können weder sagen, woher wir diese Gewissheit der
Präsenz nehmen, noch wo das Latente genau sein soll.«
Der Konflikt findet keine Sprache als die der stummen
Blicke. »Verdrängung« wäre das falsche Wort, man hört
ja, wie die Heizung pocht; sie wird schon ihre Gründe
haben. Die Kinder teilen ein unausgesprochenes Wissen
darüber, dass der Vater die Antwort wissen könnte – und
sie schuldig bleibt.
Die Sammlung »Gleisdreieck«, aus der unser Gedicht
stammt, erschien 1960, vier Jahre nach »Die Vorzüge
der Windhühner«, dem lyrischen Erstling. Die Latenz
der fünfziger Jahre steht nun schon an der Schwelle zur
Sprachwerdung, sie kann thematisiert werden; deshalb ist
sie eigentlich schon jetzt keine hundertprozentige Latenz
mehr; sie wird gestaltet, kommt in den Blick.
Der Vater ist mitbetroffen von allem, auch er entkommt
der latenten Atmosphäre nicht. Er hat den auf sich gerich-
teten Blick der Kinder sehr gut erkannt, schlaflos bringt er
die Nacht zu. Er will wissen, wer er ist, und schaut in den

Spiegel. Auch jetzt bleibt: Latenz, es kommt keine Auflösung. Jener Grass, den alle Welt kennt, hat, je später, je
mehr, versucht, die Latenz in politische Ausdrücklichkeit
zu verwandeln, oft, aber nicht immer zum Nutzen seiner
Dichtung. Die Kinder aber, die eben noch den Vater nur
strafend anschauten, wurden wenige Jahre später, gerade
erst halberwachsen geworden, zu öffentlichen Anklä-
gern – und haben die Kindeskinder diese Rolle nicht über-
nommen? Der Nachkrieg, so hat es ein anderer Dichter
formuliert, der viel jüngere Gerald Zschorsch, »schreitet
von Jugend zu Jugend«.

GÜNTER GRASS
ASKESE

Die Katze spricht.
Was spricht die Katze denn?
Du sollst mit einem spitzen Blei
die Bräute und den Schnee schattieren,
du sollst die graue Farbe lieben,
unter bewölktem Himmel sein.

Die Katze spricht.
Was spricht die Katze denn?
Du sollst dich mit dem Abendblatt,
in Sacktuch wie Kartoffeln kleiden
und diesen Anzug immer wieder wenden
und nie in neuem Anzug sein.

Die Katze spricht.
Was spricht die Katze denn?
Du solltest die Marine streichen,
die Kirschen, Mohn und Nasenbluten,
auch jene Fahne sollst du streichen
und Asche auf Geranien streun.

Du sollst, so spricht die Katze weiter,
nur noch von Nieren, Milz und Leber,
von atemloser saurer Lunge,
vom Seich der Nieren, ungewässert,
von alter Milz und zäher Leber,
aus grauem Topf: so sollst du leben.

Und an die Wand, wo früher pausenlos
das grüne Bild das Grüne wiederkäute,
sollst du mit deinem spitzen Blei
Askese schreiben, schreib: Askese.
So spricht die Katze: Schreib Askese.

HUBERT SPIEGEL
SO SOLLST DU LEBEN

Alles, was er geschrieben habe, sei aus lyrischen Momenten entstanden, mit gelegentlichen »Ausweitungen bis zu siebenhundert Seiten«. Mit solchen Zuspitzungen hat Günter Grass noch seine dickleibigsten Romane seinem lyrischen Werk zurechnen wollen. Weltberühmt wurde er als Romancier, begonnen hatte er indes als Lyriker, und Lyriker sollte er bleiben sein Leben lang, obwohl sein poetisches Werk bis heute nicht angemessen gewürdigt wird und auch die frühesten Reaktionen wenig ermutigend waren.

Sein erster, 1956 erschienener Gedichtband »Die Vorzüge der Windhühner« fand innerhalb der ersten drei Jahre gerade einmal siebenhundert Käufer. Hatte Grass damals im Gedicht »An alle Gärtner« noch die Frage »Warum wollt ihr mir verbieten, Fleisch zu essen« gestellt und trotzig gefordert: »Laßt mich vom Fleisch essen. / Laßt mich mit dem Knochen alleine, / damit er die Scham verliert und sich nackt zeigt«, so schlug er 1960 mit »Askese« andere Töne an. Mit den »Gärtnern« hatte er Naturlyriker wie Wilhelm Lehmann aufs Korn genommen und Nelken, Rosen, Maiglöckchen aus ihrem Idyll gerissen. Jetzt sprach er die damals viel gelesenen, aber auch verspotteten »Bewisperer von Nüssen und Gräsern« noch einmal an: als Wiederkäuer des Grünen, denen er das »spitze Blei« des Zeichners entgegenhielt, der Bräute und Schnee schattiert und unter bewölktem Himmel die graue Farbe liebt.

Aber wie passt die Askese der gestrengen Katze zum aus-
ufernden und überbordenden Prosastil des sich so gern
barock gebenden, allen sinnlichen Genüssen gegenüber
aufgeschlossenen Autors der »Blechtrommel«?
Das spitze Blei steht mit seinen Schraffierungen für die
Abkehr von allen Gewissheiten. Die Zeit des Schwarz
oder Weiß war vorüber, die Epoche der Grautöne hatte
begonnen. Adorno hatte die Frage aufgeworfen, wie man
nach Auschwitz Gedichte schreiben könne. Aufgefasst
und wiedergegeben wurde sein Diktum als Verbot. Auch
der junge Grass reagierte mit Abwehr: »Da ich mich im
Vollbesitz meiner Talente wähnte und mich entsprechend
als Alleinbesitzer dieser Talente sah, wollte ich sie aus-
leben, unter Beweis stellen. Geradezu widernatürlich kam
mir Adornos Gebot als Verbot vor; als hätte sich jemand
gottväterlich angemaßt, den Vögeln das Singen zu verbieten.«
Seine Frankfurter Poetik-Dozentur stellte Grass 1990
unter die Überschrift »Schreiben nach Auschwitz«. Sie
begann mit dem Siebzehnjährigen, der zeit seines jungen
Lebens »mit Glaubenssätzen dumm gehalten und entsprechend auf idealistische Zielsetzungen getrimmt« worden war. Nach Kriegsende musste er mit hunderttausend
anderen zusammen in amerikanischer Kriegsgefangenschaft unter freiem Himmel erfahren, was Hunger bedeutet. Die mythischen Köche, die Beschwörung des Essens,
die Feier von Butt, Pilz und Wein, hier haben sie ihren
Ursprung.
Die Askese, die Grass im Gedicht eine Katze nicht pre-
digen, sondern unmissverständlich fordern lässt, steht
dazu nur im scheinbaren Gegensatz. Mit ihr wollte Grass
Adornos Diktum Genüge tun, indem er es schreibend

befolgte und gleichzeitig widerlegte: »Seiner Gesetzes-
tafel entlehnte ich meine Vorschrift. Und diese Vorschrift
verlangte Verzicht auf reine Farbe; sie schrieb das Grau
und dessen unendliche Abstufungen vor.« Askese, das
bedeutete für Grass damals die Abkehr von »blaustichiger
Innerlichkeit«, Misstrauen allem »Klingklang« gegenüber.
Mit den Mitteln beschädigter Sprache sollte die »erbärm-
liche Schönheit aller erkennbaren Graustufungen« gefei-
ert werden. Mit »Askese«, veröffentlicht 1960 in seinem
zweiten Gedichtband »Gleisdreieck«, gab Grass sich ein
ästhetisch-politisches Programm, das der Abwehr gegenüber allen Ideologien entsprang und darüber selbst
ideologisch zu werden drohte. Das blieb ihm nicht lange
verborgen. Rückblickend sprach Grass 1990 in Frankfurt
von einem Zweifel, der »alles und selbst den Regenbogen
graustichig werden ließ«. Doch die Grautöne dieses Gedichts leuchten noch immer.

GÜNTER GRASS
ZULETZT DREI WÜNSCHE

Komm, tanz mit mir, solang ich noch bei Puste
und von den Sohlen aufwärts existiere.
Was ich von Kindesbeinen her an Wechselschritten
    wußte,
ist mir noch immer wie das ABC geläufig,
doch pocht in linker Wade häufig
ein Schmerz, den ich im Ruhestand verliere.
Drum bitt ich dich um eine Pause Toleranz,
bis ich gelenkig bin zum nächsten Tanz.

Komm, lieg mit bei, solang mein Einundalles steht
und wichtig tut, als stünd er zum Beweis,
worum in aller Welt es laut Statistik geht:
nah dem Polarkreis, in der Wüste Gobi koitieren
selbst Greise noch, bevor sie kollabieren
und suchen Lustgewinn um jeden Preis.
Drum bitt ich dich, Geduld als Stütze zu begreifen,
bis er – du staunst – beginnt, sich zu versteifen.

Komm, sieh mir zu, ob ich den Kopfstand schaffe
und aus verkehrter Sicht die Dinge rings erkenne,
wie ich schon immer schräg von oben als Giraffe
und schräg von unten aus des Menschenwurmes
    Blick
mir reimte, was behinderlich dem Glück
und was zuerst auf Erden war: das Ei? die Henne?

Drum bitt um Nachsicht ich, wenn meine Kopfständ
   gleichen
letztendlich einem Fragezeichen.

Komm tanz, lieg bei, sieh zu und staune,
was mir noch möglich ist bei Gunst und Laune.

JÜRGEN KAUBE
BITTE UM BEIHILFE ZU WECHSELSEITIGEM
VERGNÜGEN

»O body swayed to music, O brightening glance / How
can we know the dancer from the dance?« (O Körper zu
Musik sich wiegend, O erleuchtender Blick / Wie können
wir den Tänzer vom Tanz unterscheiden?). So wie in den
berühmten Versen, mit denen der Ire William Butler Yeats
1928 sein Gedicht »Among School Children« beschließt,
so wird der Tanz in fast aller moderner Poesie, die ihm
gilt, von außen betrachtet. Die meisten Dichter schau-
en dem Tanz oder der Tänzerin oder eben beider Un-
unterscheidbarkeit fasziniert zu. Sie tanzen nicht selbst,
sondern sie lassen tanzen: den Tod (Baudelaire) beispiels-
weise, Raubkatzen, Mädchen im Allgemeinen, spanische
im Besonderen (Rilke), das Vierviertelschwein (Morgen-
stern) oder auch Zweige (Ungaretti).
Die Schwierigkeit, den Tänzer vom Tanz zu unterscheiden, die Yeats festhielt, mag von dieser Außenperspektive
herrühren. Denn die Innenperspektive der Tänzer selbst
kennt den Unterschied ja durchaus. Zumal wenn die Tan-
zenden die Anstrengung verspüren, es, den Tanz, richtig
zu machen. So Günter Grass, der notorisch Tanzfreudige,
in diesem Gedicht aus dem Band »Letzte Tänze«, der im
Jahr 2003 erschien.
Das Abc der Wechselschritte auswendig zu wissen, erfährt
der Sechsundsiebzigjährige, den wir hier getrost mit dem
lyrischen Ich gleichsetzen dürfen, ist nicht dasselbe, wie

es leicht hertanzen zu können. Denn er geht schon lange
nicht mehr auf Kindesbeinen. »Ist mir geläufig« heißt für
ihn nicht mehr dasselbe wie »läuft bei mir wie von selbst«.
Auch das, was nicht verlernt wurde, kann unter Umständen nicht mehr ausgeführt werden. Wissen ist nicht
Können.

Die Umstände des Gedichtes sind lebenszeitliche, seine
Zeitform ist das »noch«. Noch ist er bei Puste, noch weiß
er, wie es geht, selbst Greise tun es noch, noch ist es auch
ihm möglich. Aber jedes »noch« führt ein unausgesprochenes »schon« mit sich. Schon nämlich bedarf er der
zeitlichen Unterstützung: einer Pause Toleranz, Geduld,
Nachsicht. Was für die meisten Tänze gilt, die Grass in
seinem Band bedichtet – den Schieber, den Tango, den
Walzer, die Polka –, dass sie nämlich nur zu zweit getanzt
werden können, was sie zum Bild für soziale Lust geeignet macht, wird hier sogar auf den Kopfstand ausgedehnt.
Auch die Solistenübung des Sprechers verliert ohne die
Bereitschaft der anderen, darüber zu staunen, ihren Sinn.
Tanz, Erektion, Reim – alles noch möglich, aber immer
schon und jetzt noch mehr denn je auf Mitwirkung ange-
wiesen. Dass es drei Wünsche sind, deren Erfüllung das
staunenswerte Vergnügen noch möglich machen würde,
könnte nahelegen, dass sie an eine Fee gerichtet sind.
Doch diese hier soll die Wünsche nicht nur erfüllen, sie
soll selbst Teil der Wunscherfüllung sein.

Eine beiläufige Technik dieser selbstironischen Liebesver-
se, die um tätige Beihilfe zum wechselseitigen Vergnügen
bitten, ist das Wortspiel, gespielt zuweilen unweit von Ka-
lau. Im Ruhestand werden Kopfstand wie Stehvermögen
zur Leistung. Die Neigung, sich zu versteifen, schadet
dem Tanz, aber dem Sex, zu dem der Tanz mitunter hin-

will, ist sie an entscheidender Stelle gerade hilfreich. Die Statistik (von lateinisch status: Zustand, Stellung) beweise, dass es Männern überall bis zuletzt um diese Form von Standhaftigkeit geht, eine Standhaftigkeit, die sich aber in etwas beweist, das – »komm tanz, lieg bei« – zugleich als Tanzen und Liegen beschrieben wird. Und wer sich in der zweiten Zeile fragte, wie anders man denn als »von den Sohlen aufwärts« existieren sollte und was gar eine Existenz »von den Sohlen abwärts« wäre, erhält in der dritten Strophe bildlich Bescheid: der Dichter existiert durch Kopfstand so.

GÜNTER BRUNO FUCHS
LEITERWAGEN

Da saß ein Mann im Leiterwagen,
hat nie geschlafen, nie gewacht,
hat hundert Jahre so verbracht –
saß antwortlos und ohne Fragen.
Hat nur ein einzig Mal gelacht,
als ihm der Tod das Bett gemacht.
Das wollt ich euch nur sagen.

MICHAEL KRÜGER
AUS DEN BLÄTTERN EINES HOFPOETEN

Günter Bruno Fuchs war der erste Dichter, den ich be-
rührt, das heißt, dem ich die Hand gegeben habe. Er hatte
einen mächtigen Kopf mit riesiger Stirn wie Balzac, einen
Leibesumfang wie Theodor Däubler, einen Durst wie
Johannes Bobrowski und Uwe Johnson zusammen und
außerdem das große Herz eines erstaunten Kindes. Er war
pazifistisch wie Paul Scheerbart, dessen »Katerpoesie« er
auswendig konnte (»Guten Morgen, sprach das Men-
schentier / und mancher Schuft trinkt jetzt noch Bier!«),
er beherrschte den Holzschnitt wie die alten Meister und
die Feder wie Kubin, er liebte alte Holzlettern und die
Poesie vom deutschen Barock über François Villon bis zu
Peter Hille, er stellte wunderbare Pressendrucke in seiner
Rixdorfer Werkstatt her und war überhaupt ein Buchnarr.
Und er war es, der Paul Celan zu seinen einzigen wirklich heiteren Versen inspiriert hat: »In der R-Mitage, /
da hängt ein blauer Page. / Da hängt er, im Lasso: / er stammt
von Pik-As(so?) …«
Was dieser freundliche Dichter Günter Bruno Fuchs nicht
besaß: Geld, Eitelkeit, Neid, Mitgliedschaft in einer Akademie.
Hatte er gelegentlich einen über den Durst getrunken,
konnte er wunderbare Unsinnsgedichte erfinden, die sich
gottlob zu großen Teilen erhalten haben, wie die unver-
gängliche Nationalhymne der deutschen Toilettenfrau,
die mit den wahrhaft gut beobachteten Versen endet: »Im

deutschen / Manne / wohnt ein / Kind, / das möchte immer/spielen.«

»Brevier eines Degenschluckers«, »Pennergesang«, »Blätter eines Hofpoeten« und »Handbuch für Einwohner« hießen seine wichtigsten Gedichtbände, die er alle selbst liebevoll ausgestattet hat. In Carl Hanser, meinem späteren Chef, hatte er einen loyalen Verleger, der wegen Fuchsens Sauferei zwar immer missbilligend den Kopf geschüttelt hat, die Kunst von GBF jedoch schätzte, wie übrigens auch Walter Höllerer, der diesen aus der Art und der Mode gefallenen Dichter immer gefördert hat. Denn Fuchs war in einem ganz und gar unideologischen Sinne ein Volksdichter, der den Stoff für seine vertrackten Balladen aus dem Milieu der Gaukler und Penner, Abrisskutscher und Leierkastenspieler bezog, die er sehr genau kannte: Es waren die vom Fortschritt geschnittenen Menschen, die ihn anzogen. Das gilt natürlich auch für den Mann im Leiterwagen, der die große Geschichte mit ihrem Lärm an sich vorbeiziehen lässt, ohne einen Mucks zu sagen. Er wird sowieso nicht gefragt. Er hat buchstäblich keinen Reim auf die Welt, deshalb setzt ihm GBF ein gereimtes Denkmal. Und als der Tod kommt, der von allen gefürchtet wird, bricht der Mann im Leiterwagen in sein großes Lachen aus: Was kann der ihm schon antun!

TOMAS TRANSTRÖMER

SCHWARZE ANSICHTSKARTEN

1

Der Kalender vollgeschrieben, Zukunft unbekannt.
Das Kabel summt das Volkslied ohne Heimat.
Schneefall ins bleistille Meer. Schatten
       ringen am Kai.

2

Mitten im Leben geschieht's, dass der Tod kommt
und am Menschen Mass nimmt. Diesen Besuch vergisst
  man,
und das Leben geht weiter. Doch im stillen wird der
       Anzug genäht.

Aus dem Schwedischen übersetzt von Hanns Grössel

MICHAEL KRÜGER
GLÜCK UND GEDICHT KOMMEN ZU DEM,
DER WARTEN KANN

Wenn man einen Dichter verehrt, darf es eigentlich keine
Lieblingsgedichte geben; dann gehören auch die Verse
dazu, die einem verschlossen geblieben sind. Ihre Weige-
rung, sich dem Leser auf den ersten Blick zu öffnen, sich
ihm zu offenbaren, muss man als Aufforderung verstehen,
sie wieder und wieder zu lesen. Denn oftmals verstecken
sich gerade in ihnen einige Zeilen, die beim wiederholten
Lesen wie Funken aufstieben, auch wenn sie das Ganze
nicht erhellen können.

Diese plötzlichen Epiphanien durchleuchten das schmale
Werk des schwedischen Dichters Tomas Tranströmer,
die knapp dreihundert Seiten, die er in sechzig Jahren
veröffentlicht hat. Sie bilden einen Raum der Gegen-
sätzlichkeit: von Nähe und Ferne, Land und Meer, oben
und unten, Gut und Böse, Verstand und Herz, Schlafen
und Wachen; aber man wird vergeblich nach den klaren
Grenzen suchen, da dieser Autor sich für die Übergänge
interessiert – wo das Land vom Meer bedrängt wird und
die Nähe in Ferne umschlägt, wo die »schweren Schritte
des Herzens« vom Verstand nichts wissen wollen und der
Traum sich mit der Realität messen will.

Die bezwingende Schönheit dieser Gedichte entsteht
durch Metaphern, die die schroffen Gegensätze in einer
zitternden Balance halten; sie dürfen nicht zum Verschwinden gebracht werden, auch wenn immer deutlich

bleibt, auf welcher Seite der Autor steht. Wie findet man
solche Metaphern? Man muss warten können, das ist
die Botschaft der Gedichte des unvergleichlichen Tomas
Tranströmer. Das Glück, das man bei der Lektüre ver-
spürt, verdankt sich dem Wärmestrom, der buchstäblich
alle Texte durchzieht. Unter den gegenwärtigen Autoren
kenne ich keinen, der einem so gleichmäßig, so ohne Auf-
regung und Besserwisserei, das Leben erklärt. In dem
Gedicht »Romanische Bögen« heißt es: »Ein Engel ohne
Gesicht umarmte mich / und flüsterte durch den ganzen
Körper: / ›«Schäm dich nicht, ein Mensch zu sein, sei
stolz! / In dir öffnet sich ein Gewölbe, endlos. / Du wirst
nie fertig, und es ist, wie es sein soll.‹ / Ich war blind vor
Tränen …«

Es liegt nahe, so kurz nach dem Tod des Autors an seine
»Schwarzen Ansichtskarten« zu erinnern. Sie liegen eines
Tages im Briefkasten, Absender unbekannt, aber jeder
Empfänger weiß, wer geschrieben hat. Das Leben geht
noch ein wenig weiter, man rackert sich ab, will noch
dieses und jenes erreichen; man will, wie Sokrates, der
im Angesicht des Todes ein Lied auf der Flöte übt, das
Lied spielen können, bevor man stirbt. Aber unabhängig
von unserer Rastlosigkeit wird der Anzug genäht, das
ist die Bedingung des Lebens. Der Ton dieses Gedichts,
seine einfache Botschaft, die nur schwer zu akzeptieren
ist, erinnert an den »Cherubinischen Wandersmann« von
Angelus Silesius. Jetzt, da meinem lieben Freund der Anzug des Todes sitzt, gibt es keinen Trost. Es gibt nur noch
seine Gedichte.

GABRIELE WOHMANN
ARMER BEETHOVEN

Eine Ära ist um!
Sie wird die eine
Abendstunde am Klavier
Aus dem täglichen Programm streichen.
ARMER BEETHOVEN – das nicht
Das hätte er nie und nimmermehr
Sagen dürfen!
Üben ist nun einmal so
Selbst Horowitz macht gelegentlich
Fehler über Fehler.
ARMER BEETHOVEN, sagt diesmal sie
Beim Zuklappen der Mappe mit den
BAGATELLEN.
Später, sein Trostversuch:
Gut, Kleines, du bist nach Künstlerart
Empfindlich, aber wolltest du nicht
Fortschritte machen?
Nicht unbedingt auf dem Klavier,
Klavier spiele ich nur
Damit alles beim alten bleibt.
Sie bringt nicht heraus:
Ich will doch Tag für Tag
Jeden Abend erst recht
Ehe es Nacht wird
Fortschritte machen!

GABRIELE WOHMANN
FRÜHE KRÄNKUNG

Um der besseren Dramaturgie willen habe ich für mein
Gedicht eine Szene aus meinem häuslichen Alltag zum
Schmerzlichen hin verändert. Gegen Abend, am späten
Nachmittag, wünscht sich mein Mann ein kleines Klavier-
vorspiel von mir, klein, weil mein einstmals großes Repertoire auf vier, fünf Stücke geschrumpft ist: Mein Elan fürs
tägliche Üben hat sich reduziert.
Für das Gedicht verwandelte ich mich in das zuversicht-
liche, auf Gnade und Güte angewiesene Kind, unbefangen
beim Fehlermachen, an das unentbehrliche Loben gewöhnt und darauf versessen. Es lebt mit dem Vater allein:
überlebenswichtiges Bündnis aus Liebe, Zuversicht. Aber
diesmal, beim Vorspiel mit ein paar Fehlern, zerstört der
väterliche Kommentar vom armen Beethoven die glückliche Ära. Ganz unerwartet, ungewohnt ist der Vater zum
nicht mehr schonenden Erzieher geworden, und nachträglich hilft kein Trostversuch wieder zurück in die woh-
lige Welt der Palliativmethoden. Es bleibt nicht alles beim
Alten. Das Kind, das sehr wohl Fortschritte machen will
in seinem kleinen Leben, ist grundsätzlich gekränkt und
muss in der Zukunft mit dem Vater aufpassen, denn es hat
die Unberechenbarkeit der Erwachsenen kennengelernt.
Mit den Freuden und Leiden der Hausmusik habe ich seit
meiner Kindheit Erfahrung: Meine Geschwister und ich,
wir hatten von früh an Musikunterricht (Klavier, Geige,
Bratsche, Cello), zuerst von Tanten und strenger Groß-

mutter, später professionell. Und als ich des Klavierübens
überdrüssig, das Musizieren für einige Jahre aufgab, mu-
tete ich mir doch, weil ich eine Leere empfand, die Quer-
flöte zu, am Klavier begleitet von meiner Mutter, mit vielen Lachanfällen. Nach Jahrzehnten schenkte mir meine
Mutter ihren Flügel, und ich steigerte mein Repertoire bis
hin zu Beethoven-Bagatellen – bis schließlich das Üben
seinen speziellen Reiz verlor, ich den Elan und ich auch
keine Zeit mehr hatte.

In mein Gedichtkind kann ich mich gut hineinversetzen –
überhaupt in die sensiblen und individualistischen Kinder, wie sie in meinen Geschichten vorkommen. Meinem
Gedichtkind habe ich kein turbulentes Familienleben ge-
gönnt, um die Abhängigkeit vom Vater zu verstärken. Ich,
bei unzulänglichem Klavierspiel, ich habe es besser. Nach
meinem kurzen Programm ruft mein Mann: Im Ausdruck
sehr gut! Spiel weiter! Applaus!

ALBERT VON SCHIRNDING
NACHRICHT AN MEINEN ENGEL

Sag ihm
weil ichs ihm selbst nicht beibringen will:
Er kann jetzt gehn
Zu lang schon hat er
bei mir ausgeharrt
mich unter seinen Fittich genommen
mich vor Kälte und Zugluft beschützt

Viel zu selten
riß ihm die Geduld

Jetzt ist er alt
Sprich laut zu ihm
Er hört dich sonst nicht

ALBERT VON SCHIRNDING
ABSCHIED VOM SCHUTZGEIST

Engel geistern durch viele Gedichte. Ich mag sie nicht besonders, am wenigsten die von Rilkes Gnaden zu hoch-
poetischem Leben erweckten. Sie inspirieren Theologen
zu feinsinnigen Deutungen, drängen in Dissertationen.
Aber da ist auch Walter Benjamins Engel der Geschichte, angeregt durch den »Angelus Novus« von Paul Klee,
eine zwei Jahre nach dem Ersten Weltkrieg entstandene
Tuschfederzeichnung. Er starrt, der Vergangenheit zuge-
wendet, auf die Trümmer, die ihm die Geschichte vor die
Füße schleudert. Ein Sturm (»das, was wir den Fortschritt
nennen«) treibt ihn in die Zukunft, der er den Rücken
kehrt. Wer diese neunte der »Geschichtsphilosophischen
Thesen«, wie sie abweisend prosaisch heißen, einmal gelesen hat, kann die aufgerissenen Augen, die vom Sturm
geblähten Flügel des großartigen Sinn-Bilds nicht mehr
vergessen.
Der Engel in meinem Gedicht ist sternenweit von ihm
entfernt, wie er auch hoffentlich nicht aus den Rilkeschen
Ordnungen kommt, um mich ans Herz zu nehmen. Er
verkörpert kein »stärkeres Dasein« – im Gegenteil. Das
war vielleicht einmal; jetzt ist er alt und schwach geworden, älter und schwächer als ich selbst. Nur in diesem
erbärmlichen Zustand hat er die Einreiseerlaubnis in die
zwölf Zeilen erhalten, die seinen Abschied bedeuten.
Denn die ihm zugestellte Nachricht ist die Mitteilung
seiner Entlassung. Er stammt aus keinem Paradies, so wie

wir in keinen christlichen Himmel zurückkehren. Seine
Vorfahren lebten in der heidnischen Antike. Der einen
Menschen begleitende Genius war sein Schutzgeist. Eine
Art Doppelgänger, die Personifikation dessen, was seine
Substanz, sein unzerstörbares Wesen ausmacht. Als Kind
hatte ich wie jedes andere meinen Schutzengel, er ging
ebenso unsichtbar wie unablässig an meiner Seite. Seine
Unsichtbarkeit bewahrte ihn vor der Verwechslung mit
Raffaels Engeln, die über dem Bett hingen. Er blieb mir
treu, als ich erwachsen wurde: ein Alter Ego, ein oft hinter
Nebel und Wolken verschwindender, aber nie unterge-
hender Glücksstern, das verkörperte Urvertrauen, mein
zuverlässiger Gesprächspartner bei sogenannten Selbst-
gesprächen. Jeder verkehrt mit sich selbst, ist »Eins und
doppelt«.

Aber dieses zwillingshafte Zuzweitsein dauert nicht bis
zum gemeinsamen Ende. Mein besseres Ich, das mir immer voraus war, ist auch früher als ich alt, müde, schwer-
hörig geworden. Eigentlich sind es die Boten (»Engel«
kommt ja vom griechischen angelos, der Bote), die Nachrichten vermitteln. Dieses eine Mal wird mein Engel zum
Empfänger einer Botschaft, die ihn betrifft. Ist da nicht
noch ein Dritter? Ich bin außerstande, dem Gefährten das
lebenslange Bündnis ins Gesicht hinein aufzukündigen.
Ein in zwei einsilbigen Imperativen Angesprochener (ist
es der Leser?) wird beauftragt, die heikle Mission zu über-
nehmen. Ich warte auf seine Meldung.

CHRISTOPH MECKEL
MUSTERUNG

Wie kamst du in die Welt? Ein Mensch, geboren,
mir schlug die schöne Welt den Himmel um die Ohren.
Dein Alter? Sieben Kriege und ein Überleben.
Leibgröße? Wie ein Sarg, der allen Völkern Platz kann
    geben.
Dein Herz? Ein Muskel, der kaut eine Kälte.
Dein Mund? Ich hab ihn mir verbrannt mit Strophen.
Die Augen? Sahen oft, wie sich die Nacht erhellte.
Die Ohren? Hörten oft Geschrei im Klageofen.
Was hast du vor? Noch einmal überleben
und sagen: diese Mähre haben wir geritten
wir wollen ihr ein bessres Futter geben
und um ein neues Zaumzeug bitten.
Wie heißt dein Land? Es heißt nicht; nicht vorhanden.
Ein faules Nichts, umstellt von Draht und Wänden.
Und dein Zuhaus? Ein Fluchtweg allerlanden
ein Hohelied, zu singen allerenden.
Wie kann ein Mensch so reden – streicht ihn von der
    Liste!
Du taugst als Musikant nur an nutzloser Stelle –
Gewiß – ich spann mich selber vor die Leierkiste
und zieh sie pfeifend durch die taube Hölle.

FRIEDRICH CHRISTIAN DELIUS
BILDET EUCH BLOSS NICHTS DARAUF EIN!

Als 1967 Christoph Meckels Gedichtband »Bei Lebzeiten
zu singen« im Verlag Klaus Wagenbach erschien, machte
der Leser, der ich damals war, mit dem Bleistift im Inhalts-
verzeichnis bei sieben Gedichten ein Kreuzchen, unter
anderen bei diesem, »Musterung«. Warum?, frage ich
mich heute. Warum ein so düsteres, so rundum bitteres,
so gar nicht erhellendes, erheiterndes, ermunterndes Gedicht? Was ließ einen vierundzwanzigjährigen Studenten
hier innehalten, der gerade im selben Verlag ganz andere,
eher lustig pointierte Lyrik vorgelegt hatte?
Und das in den munteren mittsechziger Jahren der blü-
henden Berliner Lachkultur, in den Zeiten der Aufbrüche
und Horizonterweiterungen kurz vor der Studentenbe-
wegung? Ein Gedicht wie »Musterung« scheint da nicht
hinzupassen. Doch es erinnert daran, wie stark das Gefühl
damals auch bei jungen Leuten war, in einer Zwischen-
kriegszeit zu leben. Der Zweite Weltkrieg gerade mal
gut zwanzig Jahre vorbei, die Mauer sechs Jahre alt, der
Kalte Krieg stets gegenwärtig, auf den Bildschirmen neue
Weltkriege in Asien, und da kommt ein Lyriker als Spiel-
verderber daher und will nichts wissen vom Wirtschafts-
wunder und den Formeln vom friedlichen, freiheitlichen
Westeuropa.
Die Kriege stecken noch in den Körpern: »Dein Alter?
Sieben Kriege und ein Überleben«, das »Geschrei im
Klageofen« ist nicht verstummt, die Särge sind offen, die

Münder verbrannt, die Augen haben zu viel gesehen. Dem Dichter, dem Musikanten bleibt nur die Rolle, ausgestoßen, ungehört mit seinen Strophen durch die Welt zu ziehen. Auch das ein Topos: der unverstandene Außenseiter. Doch Meckel bedient nicht die bekannten Muster, weder die Klage selbstzufriedener Bohemiens noch schwarzromantisches Vanitas-Seufzen noch die kokette Arroganz (die sich, wie bei Arno Schmidt, marktstrategisch als die genialste erwies).

Nein, Meckels Gedicht ist deshalb so gelungen, weil es einen fernen Gryphius-Ton mühelos in die Gegenwart transponiert. Es spielt mit dem barocken Alexandriner, dem Vers mit sechshebigen Jamben und der Zäsur in der Mitte, wegen seiner antithetischen Natur besonders geeignet für Kontraste und Vergleiche und von Schiller als »die Regel des Gegensatzes« beschrieben. Rhythmen und Reime dieser Zeilen lassen den Donner des Dreißigjährigen Krieges ebenso durchklingen wie das expressionistische Stakkato aus den Gemetzeln des Ersten Weltkriegs und den als Krieg getarnten Massenmord des Zweiten Weltkriegs. Kaum eine literarische Formensprache ist so illusionsresistent wie die des Barock, und Meckel bringt das Kunststück fertig, dass wir ihm diese Sprache als seine Sprache abnehmen.

So unterwirft das Gedicht »Musterung« auch seine Leser einer Musterung: bist du fähig, komplementär zu denken, die großen Gegensätze nicht zu verdrängen und auszuhalten, die tausend Kriege und Schlachten dieser Welt nicht zu vergessen auf den kleinen Inseln des poetischen, des feuilletonistischen Friedens? Und die armselige Rolle am Rande, die du dabei spielst oder spielen musst?

Ich will nicht behaupten, mein Bleistift wäre vor siebenundvierzig Jahren mit solchen Gedanken beschwert gewesen. Mir gefiel eher die Widerborstigkeit: Weil das Gedicht so ungemütlich, weil es nicht besonders literaturbetriebskompatibel ist, damals so wenig wie heute. Tauglich weder als Lieblingsgedicht noch als Lesebuchgedicht noch als Anthologie-Hit noch als Hymne der singenden Außenseiter. Es schmeichelt nicht der einen oder anderen Seelenlage. Mit jeder Zeile höhnt es gegen Illusionen: Frieden, Heimat, Ruhe, Kunst – bildet euch bloß nichts darauf ein! Und der junge Dichter, der das Gedicht des nur acht Jahre älteren jungen Dichters mit einem Pluspunkt versah, wird daraus auch die Haltung bezogen haben: Bild dir nichts ein auf deine kleinen Erfolge, die Frage ist, ob du am Ende, was immer dir noch einfällt im Leben, bereit bist, deine »Leierkiste« durch eine »taube Hölle« zu ziehen. Das Gedicht als barockes Worst-case-Szenario, brauchbar seit 1967.

ELKE ERB
ORDNE ETWAS

* * *

Ordne etwas, ordne den Fahrradschuppen. Er faucht.
  Hör.
Ein überirdischer Keller. Gehobener Stand. Sonnen-
  beschienen.
Was an dieser Wendung ist falsch. Erörtere.

Es wird zu heiß. Die Jacke jetzt ausziehn. Sofort.
Zwölfe machen das Dutzend voll. Benennen. Ordnen.
Daß Du hast, wie Du den Fuß hinsetzt.

Nämlich nicht wie ein Fuchs: schlicht schleicht.
Feiner Fuchs. Schleicht. Kämme dein Haar,
es richtet sich nach dir.

ELKE ERB
FRAGEN AN EINEN SITZENDEN DICHTER

4.9.04
Das Gedicht ist eins von mehr als vierhundert aus meinem Buch »Sonanz«. Unter »Sonanz« steht: 5-Minuten-Notate. Das bedeutet, es ist aus 5-Minuten-Notaten entstanden, und zwar so:
Über etwa drei Jahre hin habe ich nahezu täglich ohne inhaltliche Vorgabe, nur mit dem Datum darüber, fünf Minuten lang notiert, was mir in den Sinn kam. Aus dem unterschwelligen Ich. Tun Sie das auch, Sie werden überrascht sein. Ein Wort nach dem andern, rasch hintereinander. Die Gedichtstrukturen ergaben sich von selbst. Die Original-Notiz zu dem hier vorgestellten Gedicht sah so aus:

4.9.
Ordne etwas, ordne den Fahrradschuppen. Er faucht. Steht. Gehobener Keller. Wie Stand. Sonne auf seinem Dach. Was an dieser Wendung ist falsch. Erörtere.
Zu heiß. Die Jacke jetzt ausziehn. Sofort. Zwölfe machen das Dutzend voll. Benennen. Ordnen. Dass Du hast, wie Du den Fuß. hinsetzt. Nämlich nicht wie ein Fuchs: schlicht auf das Unten. Feiner Fuchs. Schleicht. Aber schlicht. Du musst / dein Haar kämmen. Es richtet sich nach dir. shutko.
Sie sehen, das Gedicht ist fast wörtlich die Notiz. So war es dann oft. Das letzte Wort – *shutko* – ist russisch (in

Umschrift), es besagt, dass mir der Hergang dort nicht ganz geheuer war. Was sich da von selbst ergeben hatte. Dieser seiner Eigenständigkeit wegen erstaunte mich, dass ich es, wie Sie unten sehen, Schritt für Schritt logisch, also mit dem Oberbewusstsein, verfolgen und erschließen konnte.

(Nun aber ist es nicht mehr shutko).

Es könnte sein, es erschloss sich, weil ich es auf den ersten Blick vorwiegend wörtlich anging, denn dieser Kommentar zu ihm ist als Hilfe zur Übersetzung gedacht, hat also wiederum einen eigenständigen Sinn.

Ich meine aber und hoffe, dass dieser indirekt-direkte Weg für Sie ein guter Zugang ist. **Fahrradschuppen.** Schuppen: ein einfacher Bau beim Haus zum Unterstellen von Geräten, Fahrzeugen. (Ich habe nicht real einen Fahrradschuppen, er ist erfunden, aber er ist ein Wort für Ähnliches derart).

Er faucht. Vom Optischen (dem Anblick der Unordnung) ins Akustische übertragen. **Hör. /**

Ein überirdischer Keller. Überirdisch heißt sonst: im Himmel. Hier ist es, sprachlich aktiv, als logisches Gegenstück zu *unterirdisch* gesetzt. Die Ironie befindet sich hier in einem eigenartigen Austausch mit der reellen Logik, sehe ich. **Gehobener Stand.** Ähnlich ironisch, aber nun ja schon – bildlich – gegeben. Als sei er über das Keller-Niveau erhoben. Wie die Bourgeoisie und die anderen gehobenen Stände über das gemeine (übrige) Volk. **Sonnenbeschienen. / Was an dieser Wendung ist falsch. Erörtere.** Dieser Vers ist pur ironisch. Mit der Ratlosigkeit, die er erzeugt. // **Es wird zu heiß.** Beim Arbeiten,

Aufräumen. **Die Jacke jetzt ausziehn. Sofort.** Weil man
sie sonst durchschwitzt. **Zwölfe machen das Dutzend
voll.** Heißt eigentlich: da ist nichts Besonderes. Brauchst
lediglich zwölfe davon fürs Dutzend.

Es ist das dritte Mal in diesem kleinen Text, dass ich
eine vorgegebene Interpretation hintergehe und trivial-
logisch einsetze: **überirdischer Keller, gehobener Stand**
und jetzt »**das Dutzend voll**«: Ich nehme es, als sei die
Aufgabe erfüllt, die Ordnung hergestellt. (Infolgedessen
kommt wohl zum Schluss der Fuchs angeschlichen.)
Benennen. ? Ich werde doch nicht zu reden haben da?
Oder ordne ich gerade selbst das **Benennen** zum **Ordnen. // Dass Du hast, wie Du den Fuß hinsetzt.** Im Ne-
gativ heißt das, der Schuppen war so voll, dass *man nicht
treten konnte.* //(Dass du) **Nämlich nicht wie ein Fuchs**
(gehst, der)**: schlicht schleicht.** Habe ich mich eben von
ihm distanziert, gefällt er mir gleich darauf wieder **Feiner
Fuchs.: Schleicht.** Jetzt bin ich fertig mit der Arbeit im
Schuppen: **Kämme dein Haar,/ es richtet sich nach dir.**
Es verhält sich so, wie du möchtest, verhält sich dir ge-
mäß, wie es zu dir passt.

CHARLES SIMIC
JAHRMARKT

für Hayden Carruth

Wenn du den Hund mit sechs Füßen versäumt hast –
Macht nichts!
Wir sahen ihn, und er lag schlaff in der Ecke.
Und was die überzähligen Beine angeht,

man gewöhnte sich schnell daran
und dachte an etwas anderes.
Zum Beispiel, dass es zu kalt und zu dunkel
für einen richtigen Jahrmarkt war.

Dann warf der Wärter einen Stock,
und der Hund apportierte
auf vier Beinen, die andern schleppte er nach,
worüber ein Mädchen sich halb totlachen wollte.

Sie war betrunken und der Mann auch,
der sie dauernd im Nacken küsste.
Der Hund holte den Stock und sah uns an.
Das war alles.

Aus dem Amerikanischen übertragen
von Hans Magnus Enzensberger

SILKE SCHEUERMANN
DIE SPRACHE ALS SCHULE DES SEHENS

Wo befinden wir uns hier? Der Überschrift nach auf einem
»Jahrmarkt« – aber auf was für einem! Nicht nur, dass es
auf diesem Rummel einen sechsbeinigen Hund gibt, nein,
es macht offenbar auch nichts, wenn man ihn versäumt
hat. So jedenfalls tröstet das »lyrische Ich« geradezu
kumpelhaft den Leser. Das ist, durchaus im Wortsinn,
merkwürdig. Der Rest des Jahrmarktgeschehens erscheint
dagegen geradezu banal: Jemand wirft ein Stöckchen, der
Hund apportiert, es gibt ein betrunkenes Liebespaar, das
sich über die ganze Sache »totlacht«. Aber wer ist der ge-
heimnisvolle »Wärter«, der hier den Stock wirft?
Und noch einmal: Wo befinden wir uns eigentlich, wenn
zwar der Titel von einem »Jahrmarkt« spricht, aber kurz
darauf vermeldet wird, dass es eigentlich »zu kalt und
zu dunkel / für einen richtigen Jahrmarkt ist?« Nun, wir
befinden uns in der verfremdeten Welt des großen amerikanischen Dichters Charles Simic, der nicht nur die
Gabe hat, fast jedes herkömmliche Ding und jede alltäg-
liche Situation auf eine Weise zu beschreiben, dass darin
das Wunderbare sichtbar wird, sondern auch ganz eigene,
einzigartig traumhafte Elemente in die Wirklichkeit ein-
zubauen vermag. Mit anderen Worten: Wir befinden uns
im Herzen seiner Dichtkunst, deren Arbeit, wie er es
selbst formuliert hat, darin besteht, »durch die Sprache
Wege zu finden, auf das hinzuweisen, was nicht in Worte
gefasst werden kann«. So gesehen ist eine Zeile wie »Man

gewöhnte sich schnell daran« auch als latente Kritik zu
lesen: He, wieso eigentlich gewöhnt man sich an alles so
verdammt schnell? Wieso akzeptieren wir alles? Wieso
stumpfen wir ab?

Simic, 1938 in Belgrad geboren und 1954 in die Vereinigten Staaten gekommen, wo er in englischer Sprache
zu schreiben begann, hat von seinen Anfängen an mit
dem Surrealismus geliebäugelt. Scharfsinnige Traumlogik
kennzeichnet auch sein Gedicht »Jahrmarkt«. Im Zusam-
menspiel mit seiner sehr speziellen, beiläufig-saloppen
Idiomatik, die Enzensberger sehr treffend im Deutschen
nachempfindet, gelingt es ihm in diesem Gedicht tatsächlich am Rande der Möglichkeiten von Sprache zu operie-
ren. Indem er das eigentlich Unmögliche schafft und dem
Leser den gegenwärtigen Augenblick wie durch eine zeitliche Dehnung über mehrere Strophen des nur sechzehn
Zeilen langen Gedichts bewusst macht, jenen »langen«
Moment, den Sprache, eingesperrt in die zeitliche Ordnung des Satzes, eigentlich gar nicht wiedergeben kann.

So muss man vielleicht auch nicht weiter fragen, wofür der
erwähnte Wunderhund denn steht, ob er überhaupt einer
ist oder doch eher ein bedauernswertes, behindertes Tier,
da es die zwei überflüssigen Beine ja nur nachschleppt.
Alles passt in Simics Jahrmarktswelt so gut zusammen,
dass dem Leser der einzelne Gedankensprung so schlicht
und natürlich vorkommt wie der nächste Schritt über eine
Brücke. Vielleicht ist der Hund nichts weiter als das Sym-
bol eines melancholisch verzauberten Abends; vielleicht
besteht die Arbeit des Dichters darin, Worte wie Stöckchen herbeizutragen und mit ihnen eine verwunschene
Welt zu erschaffen, die es mit der Intensität des gelebten
Augenblicks aufnehmen kann. Simic zeigt uns, wie die

Sprache uns sehen lehren kann; er ermöglicht uns schlicht
das Träumen mit offenen Augen.

»Etwas erschaffen, das noch nicht existiert, aber nach
seiner Erschaffung so aussieht, als hätte es immer schon
existiert«, so benannte Simic in einem Essay eines seiner
poetischen Ziele. Und er schrieb, er wolle »einen eigenen
Begriff von Bedeutung ... entwickeln, eine eigene Idee
dessen, was authentisch ist. In unserem Fall ist es das
Prinzip der Ungewissheit.« So ein Prinzip kann dann
eben auch mal sechs Beine haben und ein Hundeherz und
durch eine Spuknacht galoppieren. Und am Schluss kann
es auch in ein Bild unvermuteter Einheit gefasst werden:
»That was the whole show«, so heißt es im Original.
Enzensberger gerät der Satz in seiner Übersetzung noch
knapper: »Das war alles.«

CHARLES SIMIC
ROMANTISCHES SONETT

Abende von vollkommener Klarheit –
Wein und Brot auf dem Tisch,
Mutter betend, Vater nackt im Bett.
Und ich, war ich dieser magere Junge,

der hinter dem Haus im Feld lag,
das Herz aus dem Leib geschnitten
mit einem Spielzeugmesser?
War ich die Krähe, die über ihm schwebte?

Glück, hellrotes Futter
des dunklen Wintermantels,
den der Kummer verkehrt herum trägt.

Soviel zu mir, wenn ich mich erinnre,
wenn ich, o Zeit, kaue und kaue
an deinen langen schlaflosen Nägeln.

Aus dem Englischen
von Hans Magnus Enzensberger

KETO VON WABERER
DER DICHTER IST EIN FREMDER, DER IN DEN
WINKELN UNSERES INNEREN HAUST

Vor vielen Jahren bin ich Charles Simic zwischen den
Seiten des »New Yorkers« begegnet, dort las ich sein
»Romantisches Sonett«, und es passierte, was passiert,
wenn man sich verliebt: Eine vertraute Stimme spricht zu
einem, und man fühlt sich erkannt, entdeckt, getroffen. Ja,
ich verliebte mich in diese Sprache, die lakonisch ist, mär-
chenhaft, tragikomisch und voller geradezu unheimlicher
Spannung. Sofort wollte ich mehr wissen über den Autor,
ihm bereitwillig in seine Welt folgen.

»Romantisches Sonett«. Es fängt so magisch an, fast
idyllisch, ein häuslicher Abend, alltäglich, um dann um-
zukippen in Schrecken und Grauen und zu enden in der
abgründigen Welt eines Hieronymus Bosch.

»In einem guten Gedicht verschwindet der Dichter, der,
der es geschrieben hat, so dass der Leser-Dichter ins Leben tritt. Das ›Ich‹ eines vollkommen Fremden spricht aus
den geheimsten Winkeln in uns selbst und wir freuen uns
daran«, schreibt Simic. Wie immer ist er allzu bescheiden.
Das Wort Freude ist so harmlos, wenn ich bedenke, was er
mir als Leser alles antut und zumutet. Er lässt mich durch
alle möglichen seelischen Zustände taumeln, lockt mich
auf scheinbar spiegelglatte Oberflächen und lässt mich
dort einbrechen, wie durch dünnes Eis. So macht er das
immer. Ich breche ein und werde gemartert von lang vergessenen Gefühlen, die mir höllisch Angst machen und

zugegebenermaßen auch höllisches Vergnügen. Denn es sind meine Eltern in diesem abendlichen Haus, und ich bin es, die in diesem Feld mit herausgeschnittenem Herzen liegt. Das Gedicht rollt vor meine Füße wie ein verführerisch glänzendes metallisches Ei, ein zauberisches Objekt. Doch während ich es neugierig betrachte, explodiert es.

Simic ist ein Entkommener. Wie bei Hieronymus Bosch brennen ferne Feuer in seinen Landschaften unter blutroten Himmeln. Man wird mitgenommen in diesen seinen Kosmos und folgt ihm in diese irritierenden Bildwelten, in denen seine Geschöpfe ums Überleben kämpfen, gefangen im Drama des täglichen Daseins. Keiner wird ungeschoren davonkommen.

In uns lauert ja immer die Kindheit, in der so viel Unglück verwurzelt ist, und Simics Kindheit hat nie aufgehört. Sie tritt in all seinen Gedichten auf, unvermutet, aber unheimlich präsent. Simics Kindheit auf dem Balkan war arm und überschattet vom Zweiten Weltkrieg, war geprägt von der Flucht nach Belgrad, nach Italien, nach Paris, später dann nach New York.

»Deutsche und Alliierte wechselten sich dabei ab, Bomben auf meinen Kopf fallen zu lassen, während ich auf dem Boden lag und mit meinen Zinnsoldaten spielte«, schreibt Simic. »Und meine Reiseleiter waren Hitler und Stalin. Einer von Millionen Displaced Persons zu sein hat tiefen Eindruck in mir hinterlassen, zusammen mit meiner eigenen kleinen Geschichte und meiner eigenen Glücklosigkeit.«

Simic jammert nie, leidet nicht öffentlich unter seiner schweren Kindheit. Er bezeichnet sich selbst als Optimisten. Seine Kindheit ist die Vorratskammer für eindring-

liche Bilder, die er vor uns ausbreitet, gleichermaßen mit
Leichtigkeit und Humor wie mit Brutalität. Der Zusammenhang zwischen den großen Dramen und dem kleinen
Alltagskrempel verdichtet er zu poetischen Schnapp-
schüssen und macht aus ihnen Bilder, die man nicht so
schnell vergisst. Es sind klare Bilder, heutig wie Fotos,
unverwechselbar und genau, nichts wird verrätselt. Und
doch haben sie ein Geheimnis, das sie sich nie ganz ent-
reißen lassen. Simic sagt: »In der Kunst geht es eigentlich
nur um die Alchemie, die nötig ist, um das, was ich sehe,
in das zu verwandeln, was der andere sehen kann.«
»Glück, ein hellrotes Futter des dunklen Wintermantels,
den der Kummer verkehrt herum trägt.« Wer hätte das
Glück je so definiert? Strahlen nicht so die Abgründe
bei Hieronymus Bosch? Kann es schlimmer werden? Es
kann.
Der Abend, der geradezu biblisch mit einer betenden
Mutter beginnt, endet in einer albtraumhaften Situation,
einer schlaflosen Nacht des Erinnerns – und dem unend-
lich langen Nachhall des explosiven Schweigens.

ROLF DIETER BRINKMANN
EISWASSER AN DER GUADELUPE STR.

warme Dunkelheit mit
Neonlichtern, Baumschatten
hinter den Häusern, ver
schiedene Stimmen, das

ist Frühling. Auf dem
gelben sandigen Weg morgens
die Spatzen, ein zerfallenes
Holzgitter, einige schwarze

Ölflecken auf dem Weg, die
Kulisse der Vorstadt, die kei
nen Unterschied macht zu der
Innenstadt: verschiedene Wege,

die nirgendwoher kommen,
direkt aus der Mitte. Ich
vermisse nur die Hühner,
sagte die Lady mit

den rotgeschminkten Lippen.
Ist das ein Anfang? In den
Büros bewegt sich der auto
matische Dollar, riesige

Summen über der Tasse
Kaffee, die ein Pappbecher
ist. Eine gelbe Abenddämmerung,
sie bleibt stehen, das Licht

neben dem Bücherturm, aus
dem dünnen Schiebefenster
gesehen. Der Tag endet in
den Baumgestrüppen, warm

und dunkel, jenseits der
zerfallenen Holzgitter und der
zerfallenen Häuser, langsam
und ohne Hast, mit Anmut.

JAN VOLKER RÖHNERT
MIT DER ANMUT DER ROMANTIKER

»Überhaupt sollten Pflanzen und Blumen mehr ihre Titel
von den menschlichen Gemüthsbewegungen herneh-
men ... eine andere Pflanze Minnetrost, Sehnsuchtskeim,
Thränenquell, Venuslächeln, wie wir schon das Venushaar
besitzen«, schreibt der Romantiker Ludwig Tieck 1832 in
seiner Novelle »Der Jahrmarkt«. Rolf Dieter Brinkmann
stellt das Zitat 1974 als Motto über sein fragmentarisches
Amerika-Poem »Eiswasser an der Guadelupe Str.«, das
mit nebenstehendem Gedicht beginnt: in ihrer Einfachheit und Alltäglichkeit fast anrührende Verse von einem
Frühlingsabend in irgendeiner Großstadt der westlichen
Hemisphäre.
Wie natürlich mischen sich Versatzstücke von Natur
– »Baumschatten«, »Spatzen«, »eine gelbe Abenddämmerung« – mit »Neonlichtern«, »Ölflecken« und der »Tasse / Kaffee, die ein Pappbecher / ist«, unaufdringlich,
doch umso sanfter, »langsam / und ohne Hast« miteinander. Unversehens verwandelt sich die »Kulisse der Vorstadt« mit ihren »zerfallenen Holzgitter« in eine anmutige
Szenerie, ist einem Schwebezustand gewichen, der die
Zumutungen von Geld, Welt und Leben in ein beinah
schwereloses Nichts entrückt – wie konnte der als Ber-
serker verschriene Brinkmann, der ein paar Jahre zuvor
den bundesdeutschen Kulturbetrieb hatte kurz und klein
schlagen wollen, eine derart friedliche Szenerie in Worte
setzen?

Der Orts- und Zeitzonenwechsel machte es möglich.
Brinkmann war vom deutschen Department der texani-
schen Universität von Januar bis Mai 1974 nach Austin
eingeladen worden, um Schreib- und Literaturkurse zu
geben – das Jahr zuvor war Ernst Jandl dort gewesen, das
Jahr danach sollte es Heiner Müller sein. Ein Traum hatte sich für den Lyriker erfüllt: Zwischen 1968 und 1970
hatte er mehrere Anthologien mit amerikanischer Gegen-
wartspoesie herausgegeben, die unter dem Flaggschiff
von Pop und Postmoderne damals noch weitgehend un-
bekannte Stimmen und Schreibweisen nach Deutschland
brachten. Dort war seine Vermittlungsarbeit von den
politisierenden Freunden und Generationskollegen nicht
nur positiv, sondern teilweise verächtlich aufgenommen
worden – aus dem Land der Napalmbomber durfte
nichts Gutes kommen, selbst wenn es auf seine Art sub-
versiv gemacht war.

Brinkmann dachte in anderen Bahnen. Für ihn stellte der amerikanische Kulturimport der Nachkriegszeit
eine Sphäre dar, in der es sich als Dichter zurechtzufin-
den galt. Es half nichts, Neonreklamen, Coca-Cola oder
Gangsterfilme abzulehnen, wenn sie ohnehin die Oberfläche und das Bewusstsein der Zivilisation durchdran-
gen. Brinkmann setzte sich ihnen unter der Devise aus,
etwas anderes als das Intendierte daraus zu machen oder
darin zu sehen. 1973 war er hasserfüllt mit Hans Henny
Jahnn, Karl Philipp Moritz und Johann Wolfgang Goethe
unter dem Arm durch das römische Abendland spaziert,
das ihm mit seinen antiken Bildungszitaten im Schatten
der unaufhaltsamen Amerikanisierung wie ein schlechter
Witz erschienen war; nun jedoch, in Texas, sah er diese
»Kulisse« aus Medien, Publicity und Wegwerfgeschirr im

Land ihrer Entstehung und vor dem Hintergrund eines
schier endlosen Raumes, der sich in die Wüste hinein verliert (ein anderer Deutscher, Wim Wenders, sollte diesem
Raum zehn Jahre später unvergessliche Bilder abgewin-
nen). In der Mitte von Nirgendwo sandten die Vorposten
der Zivilisation plötzlich nichts Bedrohliches mehr aus,
sondern konnten tatsächlich ein Gefühl von Geborgenheit vermitteln.

Brinkmann hat es sich nicht leichtgemacht, die mögliche
Anmut eines Frühlingsabends am Rand der rumorenden
Großstadt zu zeichnen, davon zeugen die mitten im Wort
zerschnittenen Zeilen, die Sinn erst beim Lesen über
die Versgrenzen hinweg ergeben, davon zeugt der an-
gehaltene Atem, ein höchstens halblautes Sprechen am
Lärmpegel vorbei, das den Moment dennoch, wenn auch
gebrochen, in einem Gedicht mit einer Art von einfachem
Strophenschema und einem rhythmischen (daktylisch
fließenden) Grundschema festzuhalten sucht. Die Abend-
dämmerungen mit den mächtigen Texaseichen an Stra-
ßenrändern (wie er sie auf den Fotos seines lyrischen Ver-
mächtnisses »Westwärts 1&2« festhielt) erinnerten ihn an
die Dämmerungen seiner norddeutschen Kindheit. Und
er dachte zurück an die fragilen Freundschaften mit den
zwei anderen Romantikern seiner Generation, mit Nicolas
Born und Peter Handke. Ein Jahr und einen Monat später,
am 23. April 1975, starb Brinkmann, der die unwirtliche
Gegenwart zumindest für Momente mit der Anmut eines
Romantikers wahrgenommen hatte, auf Londons Straßen
bei einem Verkehrsunfall.

JOSEPH BRODSKY
SONETT

Wir leben wieder draußen an der Bucht
und Wolken fliegen über uns am Himmel,
es poltert ein ganz heutiger Vesuv
und schüttet Staub herab in diese Gassen,
dass Fensterscheiben klirren in den Häusern.
Auch uns wird diese Asche einst verschütten.

Wie gern würd ich in dieser schwarzen Stunde
mit einer Straßenbahn zum Stadtrand fahren
und in dein Haus eintreten,
wenn dann in Hunderten von Jahren
Ausgräber unser Viertel offenlegen
möchte ich gern dass sie mich wiederfinden
als Teil von Dir für immer, fest umarmt
verschüttet von der neuen Asche.

Aus dem Russischen übertragen von Ralph Dutli

HUBERT SPIEGEL
EIN AKT DER LIEBE UND EIN BLITZLICHT
DER ERINNERUNG

Ist dies das traurigste Liebesgedicht, das sich denken
lässt? Es beginnt idyllisch, aber das Leben an der Bucht ist
bedroht. Die Wolken am Himmel ziehen nicht, sie fliegen,
als zöge ein Sturm herauf. Ein Vulkan rumort, Staub senkt
sich auf die Gassen, und die Fensterscheiben klirren, als
würde die Erde beben. Weltuntergangsstimmung.
Das lyrische Ich sehnt sich fort aus dem Zentrum des Geschehens in ein Haus am Stadtrand. Aber nicht, um dort
Schutz zu suchen, sondern um den Tod zu erwarten. Im
Haus der Geliebten will er dem Vulkanausbruch ent-
gegensehen, in »dieser schwarzen Stunde« bei ihr sein.
Warum? Will er sie küssen, trösten, halten? Was will er
ihr sagen, jetzt, da ihre gemeinsame Welt vor dem Untergang steht? Nichts davon erzählt das Gedicht. Statt-
dessen macht es einen Zeitsprung in eine ferne Zukunft,
in der die Liebenden und ihr Schicksal zum Gegenstand
archäologischer Ausgrabungen geworden sein werden.
Wie in Pompeji, wo der Ascheregen des Vesuvs das Bild
sterbender Menschen im Augenblick ihres Todes konser-
viert hat, will das lyrische Ich später einmal aufgefunden
werden, als unvergänglicher Teil der Geliebten »für immer, fest umarmt«. Deshalb gibt es das Gedicht: Es soll
diese letzte Umarmung bewahren, dauerhafter, als wäre
sie in Erz gegossen oder von Vulkanasche umhüllt.
Das heiße Versprechen zweier Liebender, sich nie wieder

zu trennen, ihr süßer Wunsch, auf ewig vereint zu sein, beides erfüllt sich hier in einem Bild des Schreckens. Im Bewusstsein der Menschheit ist der Untergang Pompejis, auf den Joseph Brodsky in seinem »Sonett« anspielt, präsent wie nur wenig andere Weltuntergangsszenarien. Als Leser müssen wir nicht unbedingt wissen, an welchen »ganz heutigen Vesuv« Brodsky gedacht hat, und wie die »neue Asche« beschaffen war, die ihn zu ersticken drohte. Der Vulkanausbruch, auf den sich das Gedicht bezieht, ist historisch genau datiert: auf das Jahr 79 nach Christus. Die Sehnsucht der Liebenden ist zeitlos, an keinen Ort und keine Jahreszahl gebunden. Die Wirkung des Gedichts rührt vor allem vom Schlussbild der zweiten Strophe her, das in der Schlusszeile der ersten Strophe antizipiert wird: Beide Male wird das Bild des von der Asche verschütteten Paares aufgerufen. Sinnbild der Vergänglichkeit, aber auch einer Liebe, die den Tod besiegt, indem sie im Tod und über ihn hinaus andauert.

Brodsky schrieb dieses Gedicht im November 1962. Einen Monat zuvor hatte die Kuba-Krise ihren Höhepunkt erreicht, ein Jahr zuvor war in Berlin die Mauer errichtet worden. Der Kalte Krieg war in ein gefährliches Stadium getreten, ein Ausbruch des »ganz heutigen Vesuvs« schien möglich. Brodsky, damals 22 Jahre alt, reagierte auf den drohenden Einsatz von Atombomben mit dem Einsatz der Sonettform: vierzehn Zeilen, die hier nicht in vier, sondern in zwei Strophen zu sechs und acht Zeilen gegliedert sind. Für seine Gedichte wählte er oft klassische Formen, von Anfang an stand er im Dialog mit den Klassikern wie mit den größten Dichtern seiner Zeit. Als er 1987 den Nobelpreis erhielt, nannte er in seiner Stockholmer Rede zunächst die Namen von fünf Lyrikern, die ihm wichtig waren, aber nie die Auszeichnung erhalten hatten, die er nun bekommen sollte: Mandelstam, Zwetajewa, Frost, Achmatowa, Auden. Im März 1964 wurde er in einem politischen Prozess zu fünf Jahren Zwangsarbeit verurteilt, 1972 aus der Sowjetunion ausgewiesen. Zwei Jahre später, also im selben Jahr, als Marcel Reich-Ranicki die Frankfurter Anthologie begründete, hat Joseph Brodsky sich ganz grundsätzlich zur Bedeutung von Lyrik geäußert: »Es gibt keine Liebe ohne Erinnerung, keine Erinnerung ohne Kultur, keine Kultur ohne Liebe. Deshalb ist jedes Gedicht ein Faktum der Kultur wie ein Akt der Liebe und ein Blitzlicht der Erinnerung, und ich würde anfügen – des Glaubens.« Wie Ossip Mandelstam war er getrieben von der »Sehnsucht nach Weltkultur«, wollte er, wie sein Übersetzer Ralph Dutli schrieb, an der »Weltpoesie« teilhaben. Bislang war die Frankfurter Anthologie eine Welt der Poesie, mit Joseph Brodsky öffnet sie sich der Poesie der Welt.

JOCHEN JUNG
EIN KLEINES LEBEN

Da geht er.
Wohin? Immer
dem Fragezeichen nach,
hinter der letzten Kurve
findet er vielleicht
die gesuchte Antwort.

Da steht er.
und staunt: Die letzten Zähne
geputzt wie die ersten.
Und der hinterm Bart
ist bitte wer?

Da liegt er
in Samt und Seide und
in eben dem Anzug, in dem er
zuletzt zu den Beerdigungen ging.

Da fliegt er
so gut er halt kann
Asche an den Sohlen
Puderzucker am Finger
Gold an den Flügelspitzen.
Er sei willkommen!

JOCHEN JUNG
DER TRITT INS LEERE

Seit dem Mittelalter und bis zu den Neuruppiner Bil-
derbögen des neunzehnten Jahrhunderts kennt man die
allegorische Darstellung der Altersstufen. Da sah man
ein Knäblein herbeihüpfen, einen Jüngling keck die erste Stufe zu dem Podest besteigen, auf dem sich oben ein
stattlicher Mann in Wohlgefallen präsentierte und höchstens mit einer leichten Kopfdrehung zu dem Gebeugten
blickte, der auf der ersten Stufe des Abstiegs zu sehen war
und nur noch den weißhaarigen Greis am Stock vor sich
hatte, der auf den Knochenmann zuhumpelte (oder auf
einen freundlichen Engel mit geöffneten Armen).
Das Leben als Auf und Ab entspricht ja nicht nur der
individuellen Geschichte jedes Körpers, es ist auch ein
Memento mori, das sich vor allem an den oben auf dem
Podest wendet, der im sogenannten Vollbesitz seiner
Kraft und also seiner Möglichkeiten nicht an das Abwärts
denken will.
Wer kennt nicht den kleinen Schreck, der einen hochreißt,
wenn man im Dunkeln eine Treppe hinaufgeht, am Ende
noch eine Stufe erwartet, wo aber keine mehr ist, und
haltlos ins Leere tritt. Dieses Gefühl des »Mehr Aufwärts
ist nicht« kennt auch jeder Älterwerdende – und wie diesen Tritt stelle ich mir den Moment des Sterbens vor.
Solche und ähnliche Erfahrungen bringen uns zum Sin-
nieren, und so erging es auch dem Autor dieser Strophen.
Dass man nicht wirklich weiß, wo's langgeht, weiß man

längst. Da kann einer schon von Glück sagen, wenn ihm die Lebensfragen die Hoffnung auf Antworten nicht ausgetrieben haben. Am irritierendsten ist es, wenn aus der sokratischen Frage »Wer bin ich?« die Kafka-Frage wird: »Wer ist das, der da in meinem Bett morgens aufwacht und mich in meinem Badezimmerspiegel so missmutig anschaut? Das soll ich sein?« Die Antwort: »Ja, einen anderen haben wir nicht für dich, der da bist du!«

Sterbensgewöhnt, wie es die Älteren sind, die gefühlt irgendwann häufiger zu Beerdigungen gehen als ins Konzert (von Dichterlesungen zu schweigen), ist es kein Wunder, dass sie (dass wir) dann eines Tages in einer dieser so gemütlich ausstaffierten Kisten liegen, gepolstert, als könne einen noch etwas drücken.

Und dann? Ja, dann – geht es doch weiter, wohin auch immer. Und wenn wir schon nichts Genaues wissen, dann dürfen wir vielleicht annehmen, dass es nett wird (das mit dem Puderzucker ist mir jetzt schon fast zu übelwollend).

Wie auch immer, wer weiß schon, was ein großes Leben ist. So manchem wird es nachgesagt, aber am Ende hinter dem Ende, hinter Knochenmann und Engel, wartet die Knochengrube, der schwarze Bottros des Vergessens. Und all den Vergessenen seien die links stehenden Zeilen gewidmet.

GISELA TRAHMS
ACH

Jeden Tag bevor zu Bett
Humboldt brütete Sonett
Auf ein Quartblatt gänzlich leer
Schrieb's in Schönschrift Sekretär

Mehr als tausend Tag getan
Dichtung wächst zu Stapeln an
Verse locker fünfzehntau
Lesen will sie keine Sau

War Versager W von Hu?
Nichts an zählbarem Gewinn?
Hätt er besser sie verbrannt?

Solche Fragen arrogant
Hus Sonette Tages Sinn
Legt dies Blättchen nur dazu

GISELA TRAHMS
PREUSSISCH, PEDANTISCH, POETISCH

Ein Gedicht schreiben? Was für ein Höllenjob! Dabei
scheint es so einfach, verglichen mit der Romanverfer-
tigung. »Buddenbrooks« oder »Der Herr der Ringe« aus
dem Ärmel zu schütteln würde sich wohl kaum jemand
zutrauen, und wer hätte auch Lust auf so ein zermürben-
des, Zeit verschlingendes Unterfangen? Gemessen daran
ist das Gedicht bloß ein Pusterchen mit gespitztem Mund.
Ein paar Zeilen, gereimt oder ungereimt, mit stützendem
Metrum oder gleich ganz frei – sollte man das nicht hin-
kriegen?
Gewiss und nur zu. Zahllose Mitmenschen versuchen sich
daran, sammeln Metaphern in Notizbüchern oder füllen
Dateien mit Poesie. Gedichte waren und bleiben das Me-
dium kreativer Amateure, die weder zeichnen noch malen
noch komponieren noch singen noch tanzen können.
Jener, die bloß die Wörter haben, wie alle. Und ihren Ehr-
geiz darein setzen, sie in eigene zu verwandeln, sich darin
auszusprechen und zu spiegeln. Wer Gedichte schreibt,
ohne Dichter zu sein, ist ein Narziss.
Wilhelm von Humboldt, Diplomat und Sprachforscher,
polyglott und bildungsdurchdrungen wie wenige, verfasste im Laufe seines Lebens hier und da ein Gedicht. Aber
erst, als 1829 seine Frau Caroline starb und er, zunehmend
isoliert, auf die Unterhaltung mit sich selbst zurückgewor-
fen war, machte er die Poesie zu seiner verborgenen Pro-
fession. Preußisch – pedantisch, geradezu beamtenmäßig,

stellte er sich unter den Zwang, täglich ein Sonett zu ver-
fassen, das er dann abends seinem Sekretär Ferdinand
Schulz diktierte. Schulz war auch der einzige Mensch, der
von dieser strengen Leidenschaft wusste, Humboldt zog
keinen Freund, auch den Bruder Alexander nicht, ins Vertrauen. Bis zu seinem Tod 1835 entstanden über tausend
Gedichte, und Alexanders Miene, als er auf diesen Nachlass stieß, mag man sich gern ausmalen. Ewig schade ist
es auch, dass niemand Thomas Bernhard davon erzählte,
denn der im Tegeler Schlosspark wandelnde Geistes-
mensch Wilhelm und sein Sekretär, welcher später zum
Geheimen Secretär bei der Hauptverwaltung der Staats-
schulden avancierte, hätten ein schönes Dramolett füllen
können (»Erster Vers, Schulz!«).
Zum Druck eines tausendseitigen Sonettbandes konnte
sich der brüderliche Herausgeber von Wilhelms Gesammelten Werken nicht entschließen. Vielmehr versah er jeden einzelnen Band der wissenschaftlichen und essayisti-
schen Schriften mit einer »poetischen Zugabe«, nämlich
einer Auswahl von Sonetten als Anhang. Im Vorwort zum
ersten Band (1841) beschrieb er Entstehung und Wert der
Gedichte so: »Das Bedürfniss, die Ideen, die ihn an jedem
Tage lebhaft beschäftigten, in ein dichterisches Gewand
zu hüllen, nahm auf eine denkwürdige Weise mit dem
Alter und mehr noch mit der Stimmung zu, in welcher
ein jeden Augenblick des Daseins erfüllendes Gefühl des
unersetzlichsten Verlustes dem Anblick der Natur, der
ländlichen Abgeschiedenheit, dem Geiste selbst eine eigene Weihe giebt.«
Von solchen Sätzen betäubt, spürt der heutige Leser erste
Zweifel, während er mit der Sonettlektüre beginnt. Sein
Blick schweift über Quartette und Terzette, Strophe um

Strophe, Vers um Vers. Rasch stellt Ermüdung sich ein, obwohl doch manche Zeilen zu Überschwang und Ekstase aufrufen: »Mit lautem Cymbelklang wir preisend dienen / Dem Gott der Sinnenlust und wilden Freude / Weil prächtig anmuthsvolle Augenweide / Ihm unsre mächtge Zwiegestalt geschienen.«

Ach, ach. Wer die seltene, seltsame Gabe des Apoll nicht besitzt, müht sich vergebens. Intelligenz, Belesenheit, zäher Wille, Goethefreundschaft – alles umsonst und hilft nicht. Andererseits: wer weiß schon, was einer fühlt und hofft, der das Dichten sozusagen sportlich betreibt, als geistiges Konditionstraining, und immerhin täglich ein Produkt zustande bringt? Selbst für den Scheiternden wird es glückliche Momente gegeben haben, mag auch den Außenstehenden das Grausen packen. Humboldt, täglich zu Carolines Grabmal im Schlosspark pilgernd und wieder zurück, über Reime und Enjambements sinnend, im hochgeschlossenen Rock die Sehnsucht nach anmutsvoller Augenweide spazieren tragend, aber auch, wie in anderen, früheren Gedichten bezeugt, die Komplettunterwerfung des Weibes wünschend, hat ein mitfühlendes Wort verdient. Einen Daniel Kehlmann, der ihn zur populären Figur macht, wird er schwerlich finden. Aber ein anspruchsloses Gedicht darf ihm wohl dargebracht werden von einer Frau, die die Gabe auch nicht hat. Ein Sonett natürlich. Ein stiller Jux, dem erlauchten Wissenschaftler gewidmet, der sich niemals einen Jux gestattete.

ILMA RAKUSA
GEDICHT GEGEN DIE ANGST

Streichle das Blatt
küsse den Hund
tröste das Holz
hüte den Mund
zähme den Kamm
reime die Lust
schmücke den Schlaf
plätte den Frust
neige das Glas
wiege das Buch
liebe die Luft
rette das Tuch
schaue das Meer
rieche das Gras
kränke kein Kind
iss keinen Frass
lerne im Traum
schreibe was ist
nähre den Tag
forme die Frist
lenke die Hand
eile und steh
zögere nicht
weile wie Schnee
öffne die Tür
lade wen ein

schenke dich hin
mache dich fein
prüfe dein Herz
geh übers Feld
ruhe dich aus
rühr an die Welt

ILMA RAKUSA
VERSUCH EINER BESCHWÖRUNG

Angst ist mir nie und nirgends fremd. Vielleicht stammt
sie aus meiner bewegten Kindheit, als wir ständig umzo-
gen und ein Gefühl von Geborgenheit nur im Kreis der
Familie aufkam. In Ljubljana ängstigten mich nachts die
schnaubenden Dampflokomotiven, denn das Haus meiner Tante, wo wir wohnten, lag in der Nähe des Rangier-
bahnhofs. In Triest war es die wilde Bora, die das Meer
aufwühlte und die Straßen unpassierbar machte. Einmal
sah ich, wie sie auf dem Viadukt von Barcola das Dach
eines Zuges wegriss. Gefahr drohte von der Natur, lauerte
hinter Grenzen, wo Fremdheit seltsame Gesichter an-
nahm. Multipliziert mit Nacht, wirkte sie besonders bedrohlich. Auf dem Weg nach Zagreb hielt uns einmal ein
Bauer an, der wissen wollte, ob wir Diebe gesehen hätten.
Dunkelheit, Diebe, das genügte, um die kindliche Phantasie in Angst zu versetzen. Später war es die Migräne,
die schwarze Beklommenheit und Enge erzeugte. Eine
Klaustrophobie der schmerzlichsten Art.
Die Liste meiner Ängste ist lang. Sie reicht von A wie
Amok bis V wie Verlassenheit, umfasst konkrete Dinge
und existentielle Befindlichkeiten, Spezifisches und All-
gemeines. Wobei die Angst vor diesem oder jenem zu
erhöhter Wachsamkeit verleitet, was positiv zu verbuchen
ist. Dies gilt vor allem für die Angst um jemanden. Hier
ist Sorge am Werk, liebendes caring, das eigene Belange
weitgehend hinter sich lässt.

Warum dann dieses »Gedicht gegen die Angst«? Weil
Angst die Tendenz hat, zu verklumpen und in solcher
Ballung belastend wird. Als diffuses Etwas drückt sie aufs
Gemüt und vergällt die Lebensfreude. Solange ich meine
Ängste auseinanderzuhalten vermag, kann ich gegen sie
angehen. Ansingen.
Tatsächlich hatte ich einen Rhythmus im Kopf, als ich
zu meiner kleinen Beschwörungslitanei anhob. In den
Rhythmus fügten sich die Worte, die Sätze, nach und
nach. Sie gehorchten keiner strengen Logik, verlangten
aber hartnäckig nach Klängen und Reimen, in einem bestimmten Schema. Und nach Verben im Imperativ. Sehe
ich mir diese Verben nachträglich an, erscheinen sie mir
nicht zufällig. Streicheln, küssen, trösten, lieben, wiegen,
retten, lernen, formen, lenken, nähren, essen, schauen,
riechen, schenken und so weiter sind in ihrer Lebens-
zugewandtheit gewissermaßen ein Antidot gegen die pa-
ralysierende Angst.
Doch interessant werden sie erst im Zusammenhang mit
dem jeweiligen Objekt. »Streichle das Blatt« (ob Baum-
blatt oder Papier) war mir wichtiger als die erwartbare
»Wange«, »küsse den Hund« zwingender als »Mund«
(auch wenn mein arabischer Übersetzer sich mit dem
Vers schwertat, da Hunde in der islamischen Welt als
unrein gelten, sei's drum). Den Kamm zu zähmen (statt
das Haar), die Lust zu reimen (statt das Wort), den Tag
zu nähren (statt den Magen), die Frist zu formen (statt
Sätze), den Schlaf zu schmücken (statt das Zimmer) – all
das taugt nicht als Ratschlag, aber vielleicht als poetisch-
verspielte Insinuation. Im drittletzten Vers – »geh übers
Feld« – klingt übrigens, in Umkehrung, eine Zeile aus
Boris Pasternaks Gedicht »Hamlet« an: »Leben ist kein

Gang durch freies Feld.« Der Schlussvers »rühr an die Welt« aber meint genau dies: hinaus aus der Enge der Angst, weltwärts.

Die Ängste meiner Kindheit und alle nachfolgenden Angstanwandlungen haben mich nie daran gehindert, dem Leben gegenüber offen und neugierig zu sein. Weshalb ich mein Erinnerungsbuch »Mehr Meer« mit dem Satz beendet habe: »Staune und vertraue.« Womöglich sitzt das Vertrauen tiefer als das Angstgefühl, womöglich bildet es den Grund, aus dem ich schöpfe. Und womöglich haben auch die vielen Litaneien, die ich mir in katholischen und orthodoxen Gottesdiensten im Laufe langer Jahre angehört habe, ihre Wirkung nicht verfehlt: als Beschwörungen von magisch-hellem Zauber.

Angst lastet, das »Gedicht gegen die Angst« will leicht sein. Leicht, ohne in Unernst zu verfallen. Mir schwebte etwas Schwebendes vor, dessen Balance sich – reimend – aus manchen Ungereimtheiten ergäbe. Et voilà.

JOACHIM SARTORIUS
DIANA

Was hat sie ihm erlaubt zu sehen,
bevor er verwandelt wurde? Den Fuß,
den weißen Knöchel, den Rücken
und die Brust? Was sieht man,
wenn man sieht? Ich habe die Sichel
in ihrem Haar gesehen. Ich habe
den Rücken der Welt im Wasser gesehen,
ich habe das Wasser geschändet, die schnelle,
wahnsinnige Furt. Ich habe das Licht
vom Licht unterschieden.

Danach ist nichts.

Die Bienen schweigen,
die Vögel, die vorbeiziehenden Wolken.
Als schaue die Welt auf meine Rute
im Wasser. Habe ich etwas gesehen?
Mein Fell nimmt den Wind auf,
sträubt sich. Ich rieche den Ort,
wo sie war, wo sie den weißen Fuß
ins Wasser tauchte, ich schabe
der Birke die Haut ab, das Licht.
Meine Hufe versinken im Schlamm.

JOACHIM SARTORIUS
FLÜCHTIGKEIT DES SEHENS

Die Sage von Aktäon, dem Jäger, und Diana, der Göttin
der Jagd, bildet den Hintergrund dieses Gedichts. Wir
kennen die Geschichte aus den »Metamorphosen« des
Ovid. Aktäon verirrt sich nach dem Ende der Jagd in einen Hain. Dort in der Nähe einer Quelle hat Diana ihr
Gewand abgestreift. Zwei Nymphen lösen die Riemen am
Fuß, eine dritte bindet ihr Haar zu einem Knoten. Aktäon erblickt unversehens die badende Göttin. Sie, ihrer
Nacktheit gewahr, verwandelt ihn in einen Hirsch. »Ohne
weiter zu drohen«, lesen wir bei Ovid, »gibt sie seinem
feuchten Haupt das Geweih des langlebenden Hirsches,
gibt Länge dem Hals und lässt die Ohren ganz oben sich
spitzen, verwandelt in schlanke Läufe die Arme und hüllt
in geflecktes Fell seinen Leib.« Ovid lässt ihn fliehen.
Der Hirsch ist furchtsam. Aktäons Jagdhunde stellen ihn,
erkennen den Herren nicht wieder und zerfleischen das
Tier. Auf dies alles, Vorgeschichte und Flucht und blutiges
Ende, geht mein Gedicht nicht ein. Es konzentriert sich
ganz auf den Akt des Sehens. Aktäon spricht. In der ersten
Hälfte des Gedichts versucht er sich zu vergewissern, was
er so unvermittelt erblickte. »Was sieht man, wenn man
sieht?« ist hier der zentrale Satz. Wenn er, zum Hirsch
verwandelt, im zweiten Teil des Gedichts das ganze Geschehen nun bange in Frage stellt, so klingt dies: »Habe
ich etwas gesehen?« schon wie ein fernes Echo der früheren Frage. Es geht mir um die schreckliche Flüchtigkeit

des Blicks. Dass wir auch das Schönste, mit den Augen abgetastet, nicht halten, nicht bewahren können.

Es gibt einen offenen Raum in dem Gedicht, der sich von Ovid weit entfernt. Ist zwischen den beiden etwas geschehen? Ist die Schändung des Wassers durch Aktäon ein Hinweis darauf, dass er sich auf die Göttin stürzte? Warum schaut die Welt auf seine »Rute im Wasser«, ganz so, als sei ein Frevel getan? Trügerisch ruhig ist die Szenerie nach der Metamorphose. Die Göttin war für Aktäon Helle gewesen, Licht. Mit dem wiederholten Gebrauch von »weiß«, mit den Wörtern »Wolken« und »Birke« will ich blendende Helligkeit erzeugen. Aktäon hat das Licht – die Göttin – im Akt des Sehens von dem sie umgebenden Licht »unterschieden«. Nun ist er verlassen. Er nimmt sich anders wahr, als Tier. Er wittert und riecht und schabt. Er ist einsam, seine Hufe versinken im Schlamm.

Konkreter Auslöser dieses Gedichts war ein merkwürdiger Abend in einer Bauchtanzkneipe im Untergeschoss des Hotels »Cecil« in Alexandria vor rund vierzehn Jahren. Ein paar Minuten nach Bestellung und Bezahlung eines Whiskys oder Gins knipste der Betreiber das Bühnenlicht aus und machte so das bisher Gesehene flüchtig und unwirklich. Damit es weiterging, musste man wieder bestellen. Zu dieser Zeit, auf der Suche nach der hellenistischen Stadt, las ich viele antike Autoren, Horaz, Epikur, auch die Metamorphosen des Ovid. Die Sage von Diana und Aktäon schien mir ein guter Anlass, um das für meine Lyrik wichtige Thema von Flüchtigkeit und Vergänglichkeit abzuhandeln. Aber die Beschäftigung mit der Antike lag auch in der Luft. In einem Interview sagte die französische Filmschauspielerin Fanny Ardant, befragt, welchen Autor sie gerne persönlich kennenlernen würde, ohne Zögern: »Homer.« Der Dichter Michael Hoffmann hatte 1994 rund zwanzig englische Dichter gebeten, sich eine Metamorphose Ovids anzuverwandeln, und diese Beiträge in der herrlich anregenden Anthologie »After Ovid« herausgegeben. In der deutschsprachigen Lyrik haben in den letzten beiden Jahrzehnten einige Dichter Brückenschläge in die Welt der Antike unternommen. Sie haben sich vom modischen Zynismus, vom Selbstreferentiellen und vom gängig Spielerischen bis hin zur Blödelei verabschiedet und versucht, das Gedicht wieder seiner mythologischen Genealogie anzunähern. Durs Grünbein gehört hierzu, auch Raoul Schrott oder Daniela Danz. Ihre Gedichte sind heutig, und zugleich künden sie von der andauernden Macht der antiken Mythen. Nun liegt der besondere Reiz der Verwandlungssagen des Ovid darin, dass nichts bleibt oder in ewiger Ordnung verharrt, sondern jedes Wesen – von Liebe, Sehnsucht oder Willen getrieben – zu jeder Veränderung fähig ist.

Das Gedicht »Diana« will selbst Veränderung sein. Es ist schnell. Der eine Moment des Einhaltens und Innehaltens, in der Mitte des Gedichts, wird von der Verwandlung selbst generiert. Die Göttin ist aus dem Gedicht verschwunden, und Aktäon staunt, fassungslos, über seine neue Situation, den Verlust des Erblickten und den Verlust seiner Menschengestalt.

ERNEST WICHNER
DESPERATES BERLIN DER ZEIT 1920

1 Man liegt sich in den Armen
  Sieht sich auf Beine
  Und Liebestüchtigkeit an
  Und macht sonst Kunst

2 Ach aber viel Sehnsucht hab ich
  Bei Regenbogen und Wolkentürmen
  Und grünem Wasser und braunem Tang
  Bei Jasmin und bei Buchenwald
  Und bin ganz wie aufgesperrt
  Und zart innen vor Erwartung

HANS CHRISTOPH BUCH
VERLORENE UNSCHULD

Dieses Gedicht ist ganz und gar untypisch für Ernest
Wichner, der 1975 das Ceauçescu-Regime verließ und die
rumäniendeutsche Variante von Surrealismus und Dada
um eine unverwechselbare Stimme bereicherte. Es genügt,
an dieser Stelle seinen Mentor Oskar Pastior zu nennen,
dessen Securitate-Verstrickungen Wichner, der auch als
Übersetzer hervortrat, kenntnisreich kommentierte, ohne
den Stab zu brechen über seinen Freund. Das Gedicht
ist ein Fundstück, vom Autor nach dessen Bekunden im
Marbacher Literaturarchiv auf zwei handbeschriebenen
Zetteln aus Franz Hessels Nachlass entdeckt. Es ist an-
zunehmen, dass er dem dort Notierten das poetische For-
mat gegeben hat, in das er den Text überführt. Erst das
Wissen um die Urheberschaft macht es möglich, die zeitlos klingenden Verse einzuordnen in die Zeit der Neuen
Sachlichkeit: Wir sehen Mädchen mit Bubikopf-Frisuren
und junge Frauen mit durchtrainierten Beinen zu nach-
mittäglichen Tanztees eilen und hören einen abgeklärten
Beobachter von Liebestüchtigkeit sprechen, nicht aber
von romantischer Liebe.
Vom Flaneur Franz Hessel, damals Lektor bei Rowohlt
und (zusammen mit Walter Benjamin) Übersetzer von
Prousts »Im Schatten junger Mädchenblüte«, wissen wir,
dass er gern junge Damen zu Spaziergängen oder Rendez-
vous in schicke Berliner Hotels und Bars begleitete. »Der
richtige Tanzpartner ist eine sehr wichtige Persönlichkeit

und nicht zu verwechseln mit dem, den man gerade liebt«, schreibt Hessel 1929 in »Spazieren in Berlin«. Und der sich alt fühlende Fünfzigjährige, dem ein Franzose die Frau ausgespannt hatte (siehe Truffauts Kultfilm »Jules et Jim«), fügt hinzu: »Darüber haben mich meine Freundinnen belehrt, während sie sich für das ein oder andere Fest zurechtmachten.« Er mimte den treuen Begleiter – wenn es sein musste, bis zum Morgengrauen; ansonsten machte er Kunst, als Lektor wie als Erzähler und Feuilletonist. Knapp und nüchtern, in sachlich unterkühltem Ton, teilt er dies mit.

Die Zettel im Marbacher Literaturarchiv gehören zum Konvolut eines autobiographischen Romans, an dem Franz Hessel bis zu seinem Tod im Januar 1941 schrieb, 1987 von Suhrkamp publiziert unter dem Titel »Alter Mann«. Schockierender als dessen subjektive Befindlichkeit war die historische Gemengelage, die dem Text einen vom Autor nicht intendierten Sinn verlieh, stehend und fallend mit dem Wort Buchenwald. Hier hat es noch seine ursprüngliche Bedeutung, ohne das Wissen der Nachgeborenen über das gleichnamige KZ, in das Hessels Sohn Stéphane im Juni 1944 eingeliefert wurde, als Mitglied der Résistance von der Gestapo verhaftet, gefoltert und zum Tode verurteilt. Die Lagerhaft überlebte er nur, weil ihm der Kapo Arthur Dietzsch in der Krankenbaracke die Papiere eines kurz zuvor Verstorbenen zusteckte. Derselbe Stéphane Hessel, der später an der Menschenrechtscharta der Vereinten Nationen mitwirkte und noch im hohen Alter die Jugend der Welt dazu aufrief, sich zu empören. Von alldem ahnte Franz Hessel nichts. Ernest Wichner aber war elektrisiert, als ihm Hessels Notizen in die Hände fielen, und gab seinem Erschrecken literarische Gestalt, indem er, ohne den Text zu verändern, lyrisch die Zeilen brach. So bleiben Vater und Sohn verbunden im Klang eines deutschen Wortes, das damals seine Unschuld verlor.

RALPH DUTLI
NOËL! NOËL!

einmal kam
mit seiner dreijährigen Tochter
ein Müder Meister von Orléans nach Orléans
25 Jahre Haft längst in
seinen Knochen im Ohr das Schlagen
einer englischen Glocke in der Hand
die Asche von Sternen

an einem sommersprossigen siebzehnten Juli
und Kinder schrieen
fröhlich: Noël! Noël!

Solange schreibt man Angst bis sie es
nicht mehr sehen kann
solange hältst du auf dein Glück zu bis
es dir in den Rücken fällt
solange schreit man Weihnacht!
bis sie kommt

RALPH DUTLI

WEIHNACHTSBIRNEN AN EINEM SOMMERTAG

Es ist ein Weihnachtsgedicht ohne Weihnachten. Es sei
denn, die Poesie veranstalte solche Feste auch im Hoch-
sommer. Es stammt aus einem Band mit Gedichten aus
den Jahren 1982 bis 2002, und zwar von dessen Anfang.
So manches verwirft man im Laufe einer schreibenden
Lebenszeit, später glaubt man, viel bessere Gedichte geschrieben zu haben, aber an diesem frühen hänge ich. Paris
1982, ich war gerade angekommen und blieb die nächsten
zwölf Jahre. Die Poesie des Mittelalters faszinierte mich,
auch der als »Dichter-und-Vagabund« bezeichnete François Villon. Es gibt eine Ballade, die er am Hof des Herzogs Charles d'Orléans in Blois dichtete, in einer Wett-
bewerbssituation. Der Herzog, selbst ein bedeutender
Dichter, gab das Thema vor, ein Dutzend Kandidaten
sollte eine Ballade darauf dichten: »Ich sterbe vor Durst
so nahe bei der Quelle.« Villon gewann den spätmittel-
alterlichen Poetryslam, indem er ein Gedicht voller un-
glaublicher Widersprüche schuf.

Der Begegnung mit dem noblen Gastgeber verdankte
Villon die Aussicht auf eine weitere Gage, ein sattes Ho-
norar. Auf die Geburt der Tochter des Herzogs, Marie
d'Orléans, schrieb er ein Gedicht. Es sind überschwäng-
lich lobende, überschäumend frohe Jubelverse auf ein spät
geschenktes Kind mit dem heiligen Namen Marie.

Der Vater, Charles d'Orléans, war 1415 in der Schlacht
von Azincourt, die für die Franzosen katastrophal verlief

(es war der Hundertjährige Krieg), von den Engländern
gefangen genommen worden und musste fünfundzwanzig
Jahre als menschliches Faustpfand in Geiselhaft verbrin-
gen, wurde dann gegen ein enormes Lösegeld freigelassen
und konnte nach Orléans zurückkehren. Diese Exil- und
Haftsituation wird in der ersten Strophe beschworen.
»Die Asche von Sternen« in der Hand – mit ihren Lebens-
linien – meint das harsche Schicksal, für das die Menschen
seit Urzeiten die Sterne verantwortlich machen. »Von Orléans nach Orléans« benennt die identischen Orte einer
Lebensreise, die von der Geburt zum Tod führt, einen
Kreis schließt. Ein Mensch kehrt dorthin zurück, von wo
er kam. Der Stabreim »Müder Meister« unterstreicht das
Mühselige und die Melancholie des langen Exils. Eines
der berühmtesten Gedichte von Charles d'Orléans heißt
»Im Wald des langen Wartens«.
Mit dreiundsechzig Jahren aber, heimgekehrt nach Or-
léans, bekam der Herzog eine Tochter, eben die kleine
Marie. Als sie drei Jahre alt war, wurde sie in feierlichem
Umzug durch die Stadt getragen. Sie hielt Einzug in »ihre
Stadt«. Die Kinder, die am Wegrand standen, auch die
ärmsten, bekamen Birnen aus den Gärten des Herzogs
geschenkt, und sie sollen an diesem 17. Juli 1460, laut ei-
nem Chronisten, vor Freude laut geschrien haben: »Noël!
Noël!« Es ist Weihnachten!
Eine spätgeborene Tochter, geschenkte Birnen, lauter
unverhoffte Gaben nach einem Leben in Exil, Haft und
Angst. Diese Unverhofftheit ist der Kern des Gedichts.
Die beiden wichtigsten Verse aber sind: »Solange hältst du
auf dein Glück zu bis / es dir in den Rücken fällt«. Das
Zusammengehen des einsilbigen Glücks mit der ersten
Silbe des Rückens war ein Fund, den nur die deutsche

Sprache spendiert, ein Moment des unwiderruflichen Glückens. Als das Gedicht für einen 2009 erschienenen Auswahlband ins Französische übersetzt wurde, war zwar nicht die tragische Richtung abgedriftet, aber die lautliche Schlüssigkeit.

Das Glück kann aus dem Hinterhalt kommen, ohne dass du es merkst. Jedenfalls aus einer unvorhergesehenen Richtung, auch wenn du immer geglaubt hast, darauf zugehalten, es nie aus den Augen verloren zu haben. Das Glück, das du anpeilst, ist unberechenbar. Und es kann dir überraschend in den Rücken fallen, sich ins Un-Glück verkehren, dir vielleicht sogar den Hals brechen. Aber die utopische Poesie, die François Villon auch in seiner hier zitathaft gegenwärtigen Ballade der Sprichwörter beschwört, ist dazu da, so lange »Weihnacht!« zu schreien ..., bis sie doch noch kommt.

KURT DRAWERT
MATRIX AMERICA

(...) X (Brighton Beach) für Horst Samson

Immerhin verstehe ich
ein wenig vom russischen Wesen,
und auch kyrillische Schrift
kann ich lesen.

Aber was ich nicht verstehe,
warum ich die Vergangenheit
in der Gegenwart
als Zukunft sehe.

War das nicht alles
einmal schon,
in ferner Zeit, geschehen?
Und ein Hohn

der Geschichte?
Die gerissenen Wände,
die kalten Hände
der alten Frau am Straßenrand?

Was war das für ein Land,
dem wir entkamen
und das uns dennoch überlebt,
weil alles weiterstrebt

und nur die Form sich ändert?
Ich gebe auf
und werde es nicht wissen.

Allein die Toten
werden uns vermissen.

KURT DRAWERT
SO LESE ICH JETZT, WAS ICH NICHT WUSSTE,
ALS ICH ES SCHRIEB

Der Gedichtzyklus »Matrix America«, den ich im Herbst
2010 in New York schrieb, traf mich wie eine Antwort,
auf die ich nicht vorbereitet war. Das ist insofern nicht
ungewöhnlich, da Gedichte keine Absicht verfolgen,
sondern Ereignisse sind und hereinbrechen in die Ordnung der Sprache wie der Fuchs in einen Hühnerstall.
»X – (Brighton Beach)« nun beendet diesen Zyklus, und
erklären sollte ich vielleicht nur noch, dass Brighton
Beach eine russische Enklave im Süden von Brooklyn ist
und eine Subwaystation vor Coney Island liegt (meinem
Lieblingsort in New York).
So weit der einfache Teil. Nun beginnt der im Grunde
recht paradoxe Versuch, das Geschriebene auch selber zu
lesen und das Unverständliche daran – seinen poetischen
Überschuss – auf einen Sinn hin zu deuten. Kurz: Zum
Verfasser des Textes, der schon einmal doppelt erscheint,
nämlich als reflektierendes Subjekt im zeitlichen Jetzt der
Entstehung und als ein historisches, das diesem Entste-
hungsmoment vorgängig ist, kommt eine weitere Spiegelung hinzu: die des Interpreten des Interpretierten. Der
Autor wird zum Rezipienten und ergänzt jene Leerstellen
im Text, die auf signifikante Weise hervorzubringen ja
nun gerade seine literarische Potenz war. Ebenso könnte
man sagen: Er spielt Schach mit sich selbst.
Denn das Erscheinen des Unbewussten im Bewusstsein

des Textes ist eine Funktion des anderen (Lesers) und nicht mehr des anderen Ich. An dieser so bezeichneten Stelle müsste ich nun konsequent sein und enden mit der Bemerkung: alles, was ich weiß, steht in den Versen, so wie auch ein Maler von seinem Bild sagen könnte: alles, was ist, ist auch sichtbar. Das stimmt, und es stimmt nicht. Denn es unterschlägt, dass das Sichtbare seine Sichtbarkeit nicht nur im Wissen, sondern auch im Entdecken begründet und dass das lernbegabte Ich eine Entwicklung durchläuft, die mit Ereignis, Entwurf und Erkenntnis einhergeht und keinen psychophysischen Zustand beschreibt, der unabänderlich ist. Wäre es anders, gäbe es keine Wirkungsgeschichte der Literatur und bliebe das Blinde stets blind. Und so lese ich jetzt, was ich nicht wusste, als ich es schrieb. Ich bin der festen Überzeugung, dass Texte, und poetische zumal, Menschen verändern, weil sie erfassen und gestalten in gleicher Weise, reflexiv und antizipatorisch in einem sind.

Genau das nun ist auch die Kernaussage in diesem Gedicht, sein innerster Motor, der es vorantreibt: »Aber was ich nicht verstehe, / warum ich die Vergangenheit / in der Gegenwart / als Zukunft sehe.« Lacan nennt es antizipierte Nachträglichkeit, was hier zur zweiten Strophe wurde und wofür es in der deutschen Grammatik das Futur II gibt: es wird gewesen sein. Aber was ist das für ein Stoff im Gedicht, der gewesen sein wird und sich im Moment eines Blickes auf »die gerissenen Wände, / die kalten Hände / der alten Frau am Straßenrand« (ja, »kalte Hände« kann man »sehen«, wenn sie blau angeschwollen sind) bis zum Schlusssatz (der zugleich auch die einzige Gewissheit im Textganzen bildet: »Allein die Toten / werden uns vermissen.«) entfaltet?

Wir wissen, dass im Wahrnehmungsspektrum eines Individuums der Modus für Gegenwart bei drei bis fünf Sekunden liegt; alles davor oder danach wird durch ein symbolisches Raster der Erfahrung oder Erwartung gefiltert. Das nun ist für dieses Gedicht insofern relevant, als es diesen festen Punkt eines Gegenwartsbildes tatsächlich gibt und er auch ganz konkret und topologisch erscheint. Zugleich aber friert dieser Moment des Sehens und Gehens ein unendliches Verweisungssystem aller Zeitformen ein, das von einer erschreckenden Unabschließbarkeit der Geschichte berichtet. Ebenso, wie wir einerseits und rational gut begründet in Abschlüssen denken, bleiben die Körper, die immer zu einer Historie gehören und politisch kontextuiert sind, von jener Erregung durchströmt, die sie einmal affektiv ausgefüllt hat (sagt mir das Gedicht). Und wenn es diese Reproduktion von Vergangenem nun auch persistent gibt, kann nur der Tod die Spirale ins Unendliche stoppen – er aber steht bereits hinter aller Semantik und verschließt sich jedem Verständnis.

Fokussiere ich mich noch näher heran, entdecke ich natürlich den mir biografisch zugedachten politischen Raum, der DDR hieß und den ich, wie sehr ich mich auch winden und es verabscheuen mag, nicht abstreifen und loswerden kann. Und das ist der Finger in der Wunde auf einem Gemälde von Caravaggio: Ich möchte nämlich nicht. Ich möchte nicht und nie mehr daran denken, was wie und warum geschah, und immer, sobald ich ein Gedicht oder einen Essay, ein Theaterstück oder einen Roman beendet habe, dessen Entstehungsgrund eng verstrickt bleibt mit der deutsch-deutschen Geschichte, wie sie synchron zu meinem Leben verlief, sage ich mir: Jetzt ist es aber auch gut damit, um gleich, vielleicht schon im nächsten Text am

nächsten Tag, wieder eingeholt zu werden wie von einem
fortwährenden Fluch. Und genau das: diese Unhintergeh-
barkeit von wiederholter Geschichte im Augenblick von
absoluter Dauer, wie ihn nur ein Gedicht einfangen kann,
war die Antwort, auf die ich in New York nicht vorbereitet war. Aber ich hätte es besser wissen müssen, denn das
Gedicht korrespondiert mit einem anderen, das »Mit Heine« heißt und kurz nach dem Zusammenbruch der DDR
und des politischen Ostens entstand. Dort nämlich steht:
»Als fremder Brief mit sieben Siegeln // ist mir im Herzen
fern das Land. / Doch hinter allen starken Riegeln / ist mir
sein Name eingebrannt.«

HELLMUTH OPITZ
NERVEN BLANK

Wie gespannte Überlandleitungen,
während der Juli wie üblich
seine lange Abendlichtmesse las.
Einer von uns hatte eine Erscheinung,
doch bei näherem Hinsehen
war es nur eine Prozession
von drei Mähdreschern, saatengrün
leuchtend gegen die Dämmerung
mit dem Heiligenschein aus Strohstaub.
Hinter der nächsten Kurve plötzlich
die Schranke eines Bahnübergangs,
die herabfiel wie eine Filmklappe
und auf einmal eine ganz andere
Einstellung: Stille, in die sich
der nahende Güterzug mischte.
Im Vorbeirauschen sagte einer
leere Viehwaggons und diese Worte
hallten noch nach im Fond, als
der letzte Waggon längst durch war:
Wie automatisch die Signale hoch gingen
und die Gedanken weiter ratterten.

MATTHIAS POLITYCKI
EINE LANDPARTIE

Hellmuth Opitz ist der Frauenflüsterer unter den zeitgenössischen Poeten; auch mit seinen Dinggedichten be-
setzt er altes lyrisches Terrain neu. Und dann gibt es bei
ihm immer wieder Texte, die scheinbar ziellos in unsre
banale Alltagswirklichkeit hinausschweifen und zwischen
Rohbauten, in Reihenhaussiedlungen oder einem leeren
Schulhof aufregend Schräges entdecken. Auch »Nerven
blank« kommt ganz schlicht daher – ein Sommerabend
auf dem Lande, was sollte davon nach Jahrhunderten an
Naturlyrik noch zu berichten sein? Und dann führt die
Lektüre von einem Extrem zum andern, man ist danach
tatsächlich ein bisschen benommen.

Da fährt einer im Auto durch nichts als Gegend, aber weil
er und sein(e) Beifahrer mit »blanken Nerven« durchs
Fenster hinaussehen, lädt sich eine ganz normale Abend-
stimmung unversehens mit Bildern und Chiffren auf, die
ihr eine immense Bedeutung verleihen. Es beginnt katho-
lisch weihevoll, mit einer »Abendlichtmesse«; und selbst
wenn sich die Erscheinung, die man im Gegenlicht zu
haben glaubt, dann doch »nur« als eine Prozession von
Mähdreschern entpuppt, ist das Bild vom »Heiligenschein
aus Strohstaub« so wunderbar neu und treffend, dass man
sich bei eignen zukünftigen Landpartien im entscheiden-
den Moment gewiss daran erinnern wird.

Doch dann geht die Fahrt weiter, und an der Symmetrie-
achse des Gedichts, in der vierten Strophe, kippt die Stim-

mung in ihr Gegenteil. Auch hier beginnt es ganz beiläu-
fig, eine Bahnschranke schließt sich, was gäbe es darüber
noch zu sagen? Doch indem sie sich schließt, öffnet sie bereits den Raum für eine weitere Überhöhung des Alltäglichen, anstelle der Mähdrescher sind es nun die Waggons
des durchfahrenden Güterzugs, die zu weitreichenden
Assoziationen Anlass geben: Ihr Rattern erinnert an »leere Viehwaggons«.

Kaum ist das Wort gefallen, denkt man unweigerlich an
die Menschentransporte, die unter den Nationalsozia-
listen durch ebensolche ländlich friedlichen Abendland-
schaften gegangen sein mögen, man kann gar nicht anders.
Opitz spricht den Gedanken jedoch nicht aus, sondern
wirft den Leser mit wenigen weiteren Worten kurz drauf
auch schon aus dem Gedicht heraus und lässt ihn mit seinen Spekulationen allein.

Ständig wird die wirkliche Wirklichkeit durch Bilder unseres kollektiven Gedächtnisses überlagert und formt aus
beiden so etwas wie Wirklichkeit 2.0; »einfach so« lässt
sich gar nicht mehr aus dem Fenster schauen. So schön die
Welt durch derlei Überlagerungen sein kann, so schreck-
lich ist sie bereits im nächsten Augenblick – die Talfahrt
vom (Fast-)Heiligen des gloriosen Anfangs zum Bedroh-
lichen des Endes könnte gar nicht rasanter sein. Natürlich
spricht Opitz auch diesen Gedanken nicht aus, bringt
lediglich zwei kleine Szenen, die ihn umso plastischer vor
Augen führen. Dabei verzichtet er auf jedes Geraspel mit
kostbar klingenden Metaphern; er setzt Bilder, die präzis
und unverbraucht sind.

Dadurch treten allerdings auch die Abgründe zwischen
den Versen desto deutlicher hervor. Die Haltung des Ver-
fassers erscheint mir – um das altmodische Wort zu re-

aktivieren – voll Demut gegenüber dem Leser, nirgendwo verschließt er sich vor dessen unmittelbarem Verständnis, und doch kalkuliert er genau dadurch auf vielleicht so etwas wie Verständnis 2.0, das hinter den hell ausgeleuchteten Einzelsequenzen des Gedichts als dunkle Ahnung beginnt.

Was so leicht daherkommt, fast wie ein prosaisches Dementi lyrischer Ekstasen, ist in Wirklichkeit sorgfältig gebaut, gefeilt und poliert, ja, perfekt auf die Pointe am Schluss hin kalkuliert. Der Verzicht auf pathetisch aufgeladenes Sprachmaterial lässt die Verse angenehm alltagsnah erscheinen, angenehm zeitgemäß; Opitz schreibt Realpoesie im besten Sinn des Wortes. Gerade weil er darauf verzichtet, die schlimme Pointe explizit auszusprechen, »rattern« auch unsre Gedanken eine ganze Weile nach, wenn das Gedicht längst verklungen ist.

KERSTIN HENSEL
WAS SEIN ODER WIEDER

Noch der heiligste Krempel taugt
Zum Verfeuern. Weg die Girlanden der Gebete,
Die postdramatischen Schnitt-
Muster! Weg die gelifteten Synapsen!
Das Kälbergold! Die brillanten Provider!
Das ausgekippte Aktienpaket – auf den Müll! Alles
Herrlich, alles umsonst. Seltene Erden
Kleben an meinen Sohlen. Sie strahlen
Daß ich was bin
Aber was und warum geht mir das Herz
In die Knie

Diese Verheiß ... tröstung, denn wo
Dein Schatz ist dein Herz
Matthäus Sechs Punkt zwoeins
Et cetera ach et cetera

Sollte ich nach mir noch einmal
Zurück auf die Erde geraten
Wünschte ich zu gedeihen in Wasser und Sand
Achtfüßig, weißblütig, winzig, tauglich
Für Feuer und Frost, Zucker und Salz,

Ein total toleranter Algenfresser, der, sich häutend,
Den Tod überlebt, starr

Vor gutem Willen, weltweit beliebt: ein Bärtierchen
    mit dem Geist
Eines Bärtierchens.

So sei es. Wo denn
Ist mein Herz

KERSTIN HENSEL
DIE UNSTERBLICHKEIT DES BÄRTIERCHENS

Am Anfang war das Wort, am Ende steht die Sinnfrage. Im Gedicht, das auf Biblisches anspielt, führt nicht Gott das Wort, sondern Ich. Das Ich ist ein lyrisches, kein privates. Dennoch redet es aus mir, mit meiner Zuversicht, meinem Zorn, meinem Witz.

»Was sein oder wieder« beginnt mit einer radikalen Wegwerfaktion. Man kennt das: An einem Punkt fortgeschrittenen Lebens fühlt man sich zugerümpelt von materiellem und geistigem Krempel und wird überrumpelt von den uralten Menschheitsfragen: »Was macht mein Leben aus? Was bin ich?« Die ernüchternde Antwort lautet: umgeben von Nichtigem, Überflüssigem. Das Fazit: all das – auf den Müll!

In meinem Fall landen darauf sämtliche religiösen, politischen, modisch-kulturellen, wirtschaftlichen und wissenschaftlichen Verheißungen. Der von unserer Werbegesellschaft versprochene Wohlstands- und Karriereglanz zeigt sich lediglich im Strahlen seltener Erden, die an den Schuhsohlen kleben. Die große Geste des Entsorgens erwächst aus der profanen Einsicht des Ichs in den Dauerbrenner Eitelkeit, den der alttestamentarische Prediger Salomo mit dem Spruch »vanitas vanitatum« gezündet hat.

In Zeiten der Verwerfung kommen Poeten öfter darauf zurück. Das Ich zweifelt traditionell an einem Lebenssinn, der sich im Eitlen, das heißt Leeren, äußern will. Das ist

mehr als reine Gedankenarbeit, denn dem Zweifler geht
das Herz in die Knie. Man könnte meinen, das Herz (Sitz
des Gefühls, der Empfindung, der Liebe) kniet vor einer
Übermacht (Gott); aber »in die Knie gehen« heißt auch
weich werden, resignieren. Am eigenen Leibe spürt das
Ich die vergebliche Aussicht auf Besserung der Lage. Wo
Verheißungen nicht erfüllt werden, bleiben Tröstungen.
Die Heilige Schrift bietet unter anderem an: »Denn wo
dein Schatz ist, da ist auch dein Herz« (Matthäus 6. 21).
Am Ende der Tröstung steht die Ermahnung: du sollst
nicht dem Mammon, sondern Gott dienen. Als Agnos-
tiker nenne ich Gott lieber »Leben«; statt Prophetie wähle
ich Ironie. Ironie, die Geliebte der Melancholie, dient als
Schutzschild gegen Floskeln und dünngehechelte Weissa-
gungen.
Im zweiten Drittel des Gedichtes stellt sich die Frage nach
jener Zukunft, von der wir alle nichts wissen. Werde ich
etwas, beziehungsweise was werde ich nach meinem Tod
sein? Das Christentum hält nichts von Wiedergeburt im
Sinne einer Reinkarnation. Das lyrische Ich hingegen äußert den vermessenen Wunsch, zurück auf die Erde zu geraten. Und wenn schon, dann bitte schön für immer. Die
Evolution hat ein Lebewesen hervorgebracht, das Kenn-
zeichen biologischer Unsterblichkeit aufweist: das Bärtierchen. Seine Haupteigenschaften heißen Winzigkeit,
Toleranz, Resistenz, Anpassungsfähigkeit, Hirnlosigkeit.
Wird es dem Bärtierchen zu eng in seiner Haut, wirft es
sie ab und lebt in einer neuen weiter. Wenn es sein muss,
unter extremen Bedingungen. Dieses Schöpfungsideal
der Fühllosigkeit erfährt den Segen des Ironikers. Das
Gedicht kommt zu seinem herz-, das heißt ratlosen Ende.

NORBERT HUMMELT
FELDPOSTKARTE

die karte zeigt den berliner dom, gesehen von der
schloßbrücke, fotograf wird nicht genannt. freitag,
fünfter november '43, kurz vor abfahrt unseres zuges

will ich dir rasch noch grüße schicken. wir haben uns
heute berlin angesehen, was es so zu sehen gibt. ich bin
so voll leid. mir träumte heut nacht, du tätest mir sterben.

denkt an mich u. schickt mir briefe. käse, wurst u. was
ihr sonst noch habt. den kuchen habe ich gleich gegessen.
ich bin hier bei einer nachrichtenstaffel. man kann auf der

stube radio hören. ich beherrsche den feldfunksprecher
u. das feldfunkgerät d 2. mutter, jetzt muß ich schließen.
nicht ohne großmutter innig zu grüßen. ich gehe mit ihr

kaffee trinken in düsseldorf bei café heinemann u. dann
erzähl ich von den krimtataren. bitte, mutter, schreibe
mir briefe. erscheine mir doch noch einmal im schlaf.

mutter, jetzt muß ich wirklich schließen. ich bleibe
treu u. brav .. normale schreibschrift, mit bleistift
geschrieben. poststempel vom folgenden tag.

NORBERT HUMMELT
DER LIEBE KARL AUF DER KRIM

Die meisten meiner Gedichte verdanken sich der Begegnung mit dem Unverhofften; gelegentlich zünden sie aber
auch an ruhendem Material. Die Feldpostkarte, die den
Ausgangspunkt des gleichnamigen Gedichts bildet, be-
fand sich seit etlichen Jahren in meinem Besitz und lag mit
anderen Schreiben in einem dünnen Papierumschlag mit
der Aufschrift »Briefe vom lieben Karl von der Krim« in
meiner Schreibtischschublade, bis ich sie eines Abends im
November 2008 hervorholte. Ich wusste, dass es sie gab,
aber ich hatte sie lange nicht angesehen, und ganz sicher
nicht, seit ich selbst in Berlin lebte. Eine rotstichige, kaum
verblichene Schwarz-Weiß-Fotografie mit dem Hohen-
zollerndom, wie er bis heute steht; auf der Rückseite die
gut lesbare Handschrift mit den Grüßen meines Vaters an
seine Mutter, die Anschrift der Familie zu Neuß am Rhein
und der Poststempel vom 6. November 1943.
Ohne eigentlich schon entschieden zu haben, dass daraus
nun ein Gedicht werden sollte, tat ich zunächst nichts
anderes, als diesen Fund in Worten festzuhalten. Die
äußerliche Beschreibung des Objekts vermischte sich mit
der Abschrift des Postkartentextes, auch zog ich andere
Briefe aus dem Umschlag, die nun mit der Karte ein En-
semble auf meinem Schreibtisch bildeten, und so formte
sich aus dem Spiel mit diesen Vorlagen ein neuer Text. Zunächst kaum merklich fügten sich die Sätze meines Vaters
einem bestimmten Rhythmus, der mir bekannt vorkam,

sie nahmen einen Duktus, einen Ton an, der offenbar mein
eigener war, während ich doch ganz überwiegend die
Worte eines anderen verwendete, sie erschlossen die un-
terschwellige Metrik der Umgangssprache, sie ließen sich
in der unbestechlich schönen Form dreizeiliger Strophen
anordnen und trugen so das niemandem Bekannte, in der
Schublade Vergessene über die Schwelle der Sichtbarkeit,
ins Gedicht.

Denn dass es nun ein solches war, bemerkte ich erstens
an der Freude, die ich selbst an dem neuen Gebilde hatte,
und zweitens an der kritischen Würdigung meiner Frau,
der ich es zeigen konnte, als sie spätabends zu mir nach
Hause kam. Je länger ich nun aber mit diesem Gedicht
lebte, umso mehr bemerke ich, dass ich mich zusehends
an die Stelle dieses lyrischen Ichs begab und mir die darin
aufscheinenden Ängste zu eigen machte. Ein Zweites
geschah mit dem Gedicht, etwas, das man sich immer
wünscht, denn ich wurde nach Lesungen oft darauf an-
gesprochen und konnte so erfahren, dass darin mehr als
nur die Kriegserlebnisse meines eigenen Vaters vergegen-
wärtigt sind. So wie ich selbst mit Gottfried Benns Gedicht »Jena«, das eine Ansichtskarte seiner Mutter zum
Gegenstand hat, den Abschied von meiner Mutter fühlte,
sogar dann schon, als sie noch lebte.

Aus Ansichtskarten und Feldpostbriefen, ihrer brüchigen
Materialität und ihrer unter dem Druck der Verhältnisse
konventionalisierten Sprache, zittert ein Leben vergange-
ner Zeiten zu uns herüber, ein Hunger nach Käse, Wurst
und Zuneigung und eine Verlorenheit, die auf meine Generation übergegangen ist und ohne die wir nicht wären,
was wir sind, und das alles muss weitergegeben werden,
damit es jemals verschmerzt werden kann. Ein Gedicht

aus Thomas Klings Zyklus »Der Erste Weltkrieg« wirft
die Frage auf: »Ist das Inhalt der Geschichte: Eure Mar-
melade und Dein und Vaters Brief?« Wie es meinem Vater
in den Kriegsjahren genau erging, von welchem Heimat-
urlaub er an die Front zurückkehrte, was er erlebte bis
zu seiner Verwundung am 6. Mai 1944 in Sewastopol und
danach, davon weiß ich so gut wie nichts, und da ich nie-
manden mehr danach fragen kann, ist das Schreiben der
einzig gangbare Weg. Am 8. November 1943, drei Tage
nach der Abreise meines Vaters, wurde Berlin von schweren Luftangriffen getroffen, und die Stadt, die er in seinem
Leben niemals wiedersah, hatte bereits das Angesicht verloren, das sie ihm gezeigt hatte.

SIMON ARMITAGE
DER SCHREI

Wir gingen zusammen
auf den Schulhof, ich und der Junge,
an dessen Namen und Gesicht

ich mich nicht erinnere. Wir stellten die Reichweite
der menschlichen Stimme auf die Probe:
Er musste schreien, was das Zeug hielt,

ich den Arm heben
zum Zeichen, dass der Klang bis zu mir
jenseits der Markierung getragen hatte.

Er stand hinterm Park, schrie – ich hob den Arm.
Als er schon viel zu weit weg war,
brüllte er noch, vom Ende der Straße herüber,

am Fuß des Berges,
hinterm Hochsitz von Fretwells Hof –
ich hob den Arm.

Er verließ die Stadt, war in Westaustralien
zwanzig Jahre lang tot
mit einem Durchschuß im Gaumendach.

Junge, an dessen Namen und Gesicht ich mich nicht
    erinnere,
du kannst aufhören zu schreien, ich höre dich noch.

Aus dem Englischen von Jan Wagner

Sandra Kerschbaumer

SANDRA KERSCHBAUMER
SO WEIT DES MENSCHEN STIMME TRÄGT

Der Schrei – der Titel lässt etwas Schlimmes erwarten: die
Darstellung von Leid, von Gründen für diesen schrillen
Ausruf. Umso erstaunter registriert der Leser die Beiläu-
figkeit des einsetzenden Gedichts, die ruhige Gelassenheit
der von Simon Armitage gewählten Sprache. Die Szene,
die sich in den ersten drei Strophen entfaltet, scheint un-
spektakulär. Wir befinden uns auf einem Schulhof zusammen mit zwei Jungen, die ein Experiment machen
und sich für die physikalische Beschaffenheit der menschlichen Stimme interessieren. Einer schreit, der andere
zeigt an, wie weit der Schall trägt.
Der Schrei ist also einfach ein Signal zwischen Sender und
Empfänger. Der gellende Laut wird ohne jede Emotion
ausgestoßen. So nimmt Armitage dem expressionistischen
Titel sein Pathos. Gedanken an Edvard Munch, Assoziationen greller Angst verschwinden angesichts der Alltäglichkeit und des Eifers im kindlichen Spiel. Hierzu
tragen auch die umgangssprachlichen Wendungen und
nüchternen Worte wie »Reichweite« und »Markierung«
bei. In England wird Simon Armitage für diese Lakonik
von Kritikern und Lesern geschätzt. Elf Gedichtbände hat
er bislang veröffentlicht. Sie brachten ihm Vergleiche mit
Ted Hughes und Philip Larkin ein und haben sich zehn-
tausendfach verkauft.
»Der Schrei« hat einen erzählenden Gestus. Der Erwach-
sene, das sich erinnernde Ich, macht dabei erst einmal dem

Treiben der Kinder Platz, dem Brüllen und Armheben.
Dass sich die Perspektiven überschneiden, zeigt das kindlich vorangestellte Personalpronomen »ich und der Junge« – im Original wie in der Übersetzung von Jan Wagner,
der den deutschen Auswahlband »Zoom!« zusammen-
gestellt hat. Der lyrische Erzähler unternimmt den Versuch, die Vergangenheit einzufangen, die sich entzieht. Es
ist ein Versuch, sich mit dem Zustand der Kindheit wieder
zu verbinden, einer Welt, in der ein Schrei ein Schallphä-
nomen ist und das Brüllen ein Spaß. Erzählt wird unver-
kennbar in der Form eines Gedichts mit seiner markanten
Rhythmik und der raffinierten Ausgestaltung des poetischen Raumes.

Denn die beiden Jungen entfernen sich immer weiter von-
einander: Die Pronomen »ich« und »er« gliedern das Gedicht. Die Enjambements, auch über Strophenenden hinweg, lassen einen Raum entstehen, der sich immer weiter
ausdehnt: hinter den Park, ans Ende der Straße bis zum
Fuß der Berge, ausgestattet mit Details wie dem Hochsitz von Fretwells Hof. In der sechsten Strophe ist dann
die maximale Entfernung erreicht, die größte Spannung
zwischen den eigenartig inkongruenten Satzelementen:
»Er verließ die Stadt, war in Westaustralien / zwanzig
Jahre lang tot / mit einem Durchschuß im Gaumendach.«
Plötzlich ist nichts mehr so einfach, wie es schien. Mit
dem Sprung in Raum und Zeit ist das Experiment zu
Ende. Den Leser erschreckt ein gewaltsamer Tod.

»Junge, an dessen Namen und Gesicht ich mich nicht erinnere«, der Sprecher des Gedichts wendet sich im Prä-
sens an das Kind, das der Tote einmal gewesen ist, »du
kannst aufhören zu schreien, ich höre dich noch«. Der
zeitliche und räumliche Abstand schmilzt. Der Schrei

dringt mühelos aus der Vergangenheit in die Gegenwart. Er ist also weit mehr als eine Schallwelle, und die Frage nach der Reichweite der menschlichen Stimme erweist sich als subtiler als zu Beginn des Gedichtes gedacht. Sie betrifft auch das poetische Sprechen. Denn schließlich ist es die Dichtung, die eine Erinnerung, einen Schrei vor dem Verklingen bewahrt, die ihn durch Raum und Zeit transportiert und die ihm am Ende des Gedichts einen schrillen Ton verleiht. Denn der Schrei klingt jetzt nicht mehr nach kindlicher Experimentierfreude, sondern nach erwachsenem Leid. Auch wenn wir über das Schicksal des Jungen kaum etwas erfahren, ist das Elend eines ganzen Menschenlebens im Nachhall dieses Schreis aufgehoben.

DIRK VON PETERSDORFF
RAUCHERECKE

Ihr Langen, wo seid ihr? Ich hab
nicht mal mehr eure Nummern.
Gibt es denn Besseres als am Morgen
eine Schar,
eng zusammen,
frierend;
ich glaube, wir froren fast immer.
Damals sprach keiner zu viel,
sondern stand, den Rücken zur Welt,
in Mänteln aus Stoff,
ihr Dünnen.

Nur der verhangene Blick
sieht tief, kennt sein Schicksal,
das traurige Pochen
ferner Hügel,
sieht freudig erschreckt
sich am seligen Busen erwachen.
Wie ihr den Rauch
ausstoßen konntet,
ihr Edlen, ach,
alles war gut, als ich mit euch
sah sich röten den Tag, viertel vor acht.

DIRK VON PETERSDORFF

MIT DEM RÜCKEN ZUR WELT

Erinnerung nimmt ihre eigenen Wege, ist nicht zu steuern. Ereignisse, die ganz vergessen waren, tauchen plötzlich wieder auf, mit allen anhängenden Gefühlen. Ein Ort mit seiner Atmosphäre erscheint wieder, aber gleichzeitig ist man schmerzhaft von ihm getrennt. Für ein solches Gemisch aus Vergangenheit und Gegenwart ist die Lyrik immer schon zuständig gewesen, und so ist es mir mit der Raucherecke ergangen.

Der Begriff der Raucherecke ist vielleicht kommentarbedürftig, weil sich diese Einrichtung gesellschaftlich auf dem Rückzug befindet. Es handelt sich um einen kleinen, meist etwas abgelegenen Bezirk, etwa neben dem Fahrradkeller, an dem Schüler von einem bestimmten Alter an rauchen dürfen. In der Gedichtszene ist früher Morgen, die kleine Gruppe friert, was an der Jahreszeit liegt, aber auch daran, dass man in diesen Entwicklungsphasen oft friert.

Mit dem Ort der Raucherecke ist auch eine Haltung verbunden: Man steht zusammen, kehrt der Welt, ihren Mechanismen und Regeln, den Rücken zu und muss nicht viel sagen, ist sich schweigend einig (selbst wenn man gar nicht so genau weiß, worin man sich eigentlich einig ist). Man ist noch nicht der flexible Mensch, sondern steht trotzig und fest, Haare hängen in die Stirn. Zur Aura dieses Ortes gehört auch eine Gefühlslage. Sie setzt sich zusammen aus einem überlegenen Wissen, aus düsteren

Ahnungen, Schicksalsglauben, aber auch aus der Hoffnung, errettet zu werden, am besten von einem weiblichen
Körper. Seinen Ausdruck findet dieser Habitus im kunst-
vollen Ausstoßen des Rauches. Allerdings muss ich zu-
geben, nie geraucht, sondern immer nur dabeigestanden
zu haben.

In der Entstehung dieses Gedichts schossen Inhalt und
Form zusammen, denn gleichzeitig mit dem Wiederauf-
tauchen der Raucherecke hatte ich den Ton im Kopf, der
von Friedrich Gottlieb Klopstock stammt. In seiner Ode
»Die frühen Gräber« steht ein Ich in einer Sommernacht
an den Gräbern seiner jung verstorbenen Freunde, spricht
mit dem Mond, dem »Gedankenfreund«, und dann mit
den Weggefährten: »Ihr Edleren, ach, es bewächst / Eure
Male schon ernstes Moos! / O, wie war glücklich ich, als
ich noch mit euch / Sahe sich röten den Tag, schimmern
die Nacht!«

Dieser Klopstockton, in die Gegenwart transportiert,
macht es möglich, zu einer Verbindung von Ernst und
leisem Scherz zu gelangen. Die Odenverse Klopstocks
sind in der »Raucherecke« in frei-rhythmische Verse
überführt, aber die Bewegung aus gleichmäßigem Wechsel, schnellerem Fluss und Stauung wollte ich behalten.
Dabei finde ich die Vorstellung sehr schön, dass in der
»Raucherecke« das achtzehnte Jahrhundert mitredet, so
wie sich auch Klopstock seinen Ton aus einer fernen Zeit,
der Antike, holte. Denn so wie Gedichte einen genauen,
erkennenden Blick auf die eigene Zeit werfen können, so
stehen sie auch in einer durch die Zeiten reichenden Kette,
in der Töne, Rhythmen, Wendungen und Ideen weitergegeben werden. Man kann grüßen, verehren oder paro-
dieren, jedenfalls ist die Geschichte des Gedichts auch

ein Hallraum, in dem es singt, dröhnt, flötet, fiept, zupft, zerrt, streicht, zischt und was sonst noch. Da kann auch der hohe, anrufende, elegische Ton einem abgelegenen, betonierten, kühlen Ort Wert und Bedeutung geben.

MARION POSCHMANN
HINWEISE ZUR ERDERWÄRMUNG

störrisch im Gegenlicht stehen
die Wintertiere mit Goldrand
sie kauen ein Amt, eine Bürde
wir wollten uns wärmer fühlen
noch haben wir alle Sonne für uns

der leichte Rauchgeruch aus ihren Hufen
liegt tiefer als sonst, wir kneifen
die Augen zusammen, behelligt, geblendet,
und später ergibt es sich, und wir
stopfen die Ritzen zwischen ihnen zu

so entsteht ein Gefühl von unverhoffter Freude
wie sehr stark durchgeführte Flüsse
die Winterhitze, noch ist sie rosa
etwas Zänkisches treibt säuberlich abgepackt
in dieser Polarnacht aus Zellophan

RON WINKLER

VANITASNOMADEN IM UNGESICHERTEN BEREICH

Die Antwort tendiert zu einem »Möglicherweise«. Die
Antwort auf die Frage, ob dieses Gedicht tatsächlich Hinweise zur Erderwärmung enthält. Die Hinweisnennung
ist ja schon ein erster Hinweis, die Zellophanisierung der
Nacht ein weiterer: Wir haben uns was arg gemacht.

Wir, die Leser, und »wir«, das lyrische Ich. Vielen Texten
der 1969 geborenen Dichterin Marion Poschmann ist dieses »wir« konstitutiv. In diesem Wir ist Drift, ein Zustand
zwischen Wohlfühlfatalismus und Kopf-hoch-Utopie.
Neugierig und einlasswillig unterwegs – kleine Vorhut
unserer Ambitionen.

Man könnte sagen, das Ich holt sich Verstärkung in der
ersten Person Plural. Um nicht allein zu sein. Fächert sich
auch auf, um mehr von der auf uns einsplitternden Welt
einfangen zu können. Und findet sich trotzdem in Hin-
terlanden des Plausiblen wieder, »behelligt«, Vanitasnomaden im ungesicherten Bereich.

Zugleich ist diese Cloud des »wir« selbst ein Unschärfere-
lais, es etabliert eine Klarheit wolkiger Ordnung, etabliert
also Poesie. Wir »sind eine angenehme Streuung Stimmung«, heißt es in einem Gedicht der Autorin. Es gilt, die
Umgebung aufzuzaubern. Aufzuleben in der Betrachtung
(die sich das zu Betrachtende oft selbst erschafft, zurecht-
macht).

Die Teilnehmer an Poschmanns »wir« erscheinen wie
Draufloslaboranten, die naivschön nach vorn agieren, um

nicht vom hart Realen eingeholt zu werden. Das mündet in einer Poesie der Latenz, im Heil flimmernder Halbwegshaftigkeit. Alles ist zerfasert miteinander verfasert, ist Hinweis, ist Option. Das »wir« ist abrufbar für etwas Besseres und erlebt sich dabei ein bisschen wie von außen: Was ist das wohl, an dem die Welt passiert?

Poschmann will – so sagt sie selbst – die Dinge in einen »Schwebezustand« versetzen. Räume und Systeme werden in ihrem Werk auf seltsame Weise miteinander verwischt: Streuobstwiesen korrelieren mit »Nachkriegsmatratzen«, Naturfragmente mit Wehmutsbiotopen oder dem eigenen Leib. Das Gedicht erschließt uns »Ländereien der Langeweile«, »gestörte Habitate«, die gleichwohl leuchten, weil das lyrische Wir ein so närrisches Interesse daran hegt. »Säuberlich abgepackt« steht uns immer wieder etwas Störrisches im Weg, oft ist es bei Poschmann weiß (manchmal gleißt es) und weitet uns die Phantasie. So gehen wir durch diese Gedichte und staunen uns in die Irre oder wesentlichwärts, frei von der Bürde der »furchtbare(n) Vollständigkeit«. Möglicherweise kühlt uns dabei die Winterhitze warm, Hinweise gibt es.

Anhang

QUELLENHINWEISE

SIMON ARMITAGE 1963 in Huddersfiel/West Yorkshire geboren, lebt in West Yorkshire.

Der Schrei, S. 225. Aus: Simon Armitage, Zoom! Gedichte. Ausgewählt und übersetzt von Jan Wagner. © der deutschen Übersetzung 2011 Berlin Verlag in der Piper Verlag GmbH, Berlin. © Simon Armitage.

JOHN ASHBERY 1927 in Rochester/New York geboren, lebt in New York City und Hudson/New York.

Spätes Echo, S. 119. Aus: John Ashbery, Eine Welle. Gedichte. Aus dem Amerikanischen von Joachim Sartorius. Edition Akzente. Carl Hanser Verlag, München 1988.

JOHANNES BOBROWSKI 1917 in Tilsit geboren, 1965 in Berlin gestorben.

Immer zu benennen, S. 111. Aus: Johannes Bobrowski, Gesammelte Werke in sechs Bänden. Erster Band. Die Gedichte. © 1998 Deutsche Verlags-Anstalt, München, in der Verlagsgruppe Random House GmbH.

ROLF DIETER BRINKMANN 1940 in Vechta geboren, 1975 in London gestorben.

Eiswasser an der Guadelupe Str., S. 171. Aus: Rolf Dieter Brinkmann, Eiswasser in der Guadelupe Str. © 1985 Maleen Brinkmann; Rowohlt Verlag GmbH, Reinbek bei Hamburg.

JOSEPH BRODSKY 1940 in Leningrad geboren, 1996 in New York gestorben.

Sonett, S. 177. Aus: Joseph Brodsky, Brief in die Oase. Hundert Gedichte. Herausgegeben und mit einem Nachwort von Ralph Dutli. Aus dem Russischen von Ralph Dutli, Felix Philipp Ingold und anderen. Carl Hanser Verlag, München 2006.

ADELBERT VON CHAMISSO 1781 auf Schloss Boncourt bei Ante geboren, 1838 in Berlin gestorben.

Das Schloss Boncourt, S. 27. Aus: Adelbert von Chamisso, Gedichte. Ausgabe letzter Hand. Edition Holzinger, Berliner Ausgabe 2013.

KURT DRAWERT 1956 in Henningsdorf geboren, lebt in Osterholz-Scharmbeck bei Bremen.

Matrix America, S. 207. Aus: Kurt Drawert. Idylle, rückwärts. Gedichte aus drei Jahrzehnten. Verlag C. H. Beck, München 2011.

RALPH DUTLI 1954 in Schaffhausen geboren, lebt in Heidelberg.
Noël! Noël!, S. 203. Aus: Ralph Dutli, Notizbuch der Grabsprüche. Gedichte. Rimbaud Verlag, Aachen 2002. © Ralph Dutli.

GÜNTER EICH 1907 in Lebus geboren, 1972 in Salzburg gestorben.
Fährten in die Prärie, S. 95. Aus: Günter Eich, Gesammelte Werke in vier Bänden. Band 2: Die Hörspiele 1. Herausgegeben von Karl Karst. © Suhrkamp Verlag Frankfurt am Main 1991. Alle Rechte bei und vorbehalten durch Suhrkamp Verlag Berlin.

ELKE ERB 1938 in Scherbach/Voreifel geboren, lebt in Berlin.
Ordne etwas, S. 159. Aus: Elke Erb, Sonanz. 5-Minuten-Notate. Urs Engeler Editor, Basel und Weil am Rhein 2008.

GÜNTER BRUNO FUCHS 1928 in Berlin geboren, 1977 ebenda gestorben.
Leiterwagen, S. 139. Aus: Günter Bruno Fuchs, Werke in drei Bänden. Band 2: Gedichte und kleine Prosa. Herausgegeben von Wilfried Ihrig. Carl Hanser Verlag, München 1992.

JOHANN WOLFGANG GOETHE 1749 in Frankfurt am Main geboren, 1832 in Weimar gestorben.
Meeres Stille, S. 19. Aus: Johann Wolfgang Goethe, Sämtliche Gedichte. Herausgegeben von Karl Eibl. Suhrkamp Verlag, Frankfurt am Main 2007.

GÜNTER GRASS 1927 in Danzig geboren, 2015 in Lübeck gestorben.
Der Vater, S. 123. Askese, S. 127. Zuletzt drei Wünsche, S. 133. Aus: Günter Grass, Lyrische Beute. © Steidl Verlag, Göttingen 2004.

HEINRICH HEINE 1797 in Düsseldorf geboren, 1856 in Paris gestorben.
Ich seh im Stundenglase schon, S. 33. Aus: Heinrich Heine, Sämtliche Gedichte in zeitlicher Folge. Herausgegeben von Klaus Briegleb. Insel Verlag, Frankfurt am Main 1997.

KERSTIN HENSEL 1961 in Karl-Marx-Stadt geboren, lebt in Berlin.
Was sein oder wieder, S. 217. Aus: Kerstin Hensel, Das gefallene Fest. Gedichte und Denkzettel. Reihe Neue Lyrik, Band 4. Poetenladen Verlag, Leipzig 2013.

GEORG HEYM 1887 in Hirschberg/Schlesien geboren, 1912 in Gatow gestorben.
Gebet, S. 75. Aus: Georg Heym, Werke. Herausgegeben von Gunter Martens. Reclam Verlag, Ditzingen 2006.

FRIEDRICH HÖLDERLIN 1770 in Lauffen am Neckar geboren, 1843 in Tübingen gestorben.

Sophokles, S. 23. Aus: Friedrich Hölderlin, Sämtliche Gedichte. Herausgegeben von Jochen Schmidt. Deutscher Klassiker Verlag im Taschenbuch, Frankfurt am Main 2005.

PETER HUCHEL 1903 in Lichterfelde bei Berlin geboren, 1981 in Staufen gestorben.

Macbeth, S. 91. Aus: Peter Huchel, Die Gedichte. Suhrkamp Verlag, Frankfurt am Main 1997. © Mathias Bertram.

NORBERT HUMMELT 1962 in Neuss geboren, lebt in Berlin.

Feldpostkarte, S. 221. Aus: Norbert Hummelt, Pans Stunde. Gedichte. © 2011 Luchterhand Literaturverlag, München, in der Verlagsgruppe Random House GmbH.

ERNST JANDL 1925 in Wien geboren, 2000 ebenda gestorben.

die morgenfeier, S. 115. Aus: Ernst Jandl, poetische Werke. Herausgegeben von Klaus Siblewski. © 1997 Luchterhand Literaturverlag, München, in der Verlagsgruppe Random House GmbH.

JOCHEN JUNG 1942 in Frankfurt am Main geboren, lebt in Salzburg.

Ein kleines Leben, S. 181. Aus: Frankfurter Allgemeine Zeitung vom 28. 3. 2015. © Jochen Jung.

CHRISTINE LAVANT 1915 in Groß-Edling bei St. Stefan im Lavanttal geboren, 1973 in Wolfsberg gestorben.

Wär ich einer deiner Augenäpfel, S. 101. Aus: Christine Lavant. Zu Lebzeiten veröffentlichte Gedichte. Herausgegeben und mit einem Nachwort von Doris Moser und Fabjan Hafner. Wallstein Verlag, Göttingen 2014.

LI TAI-PO 701 geboren, 762 gestorben.

Der Pavillon aus Porzellan, S. 13. Aus: Hans Bethge, Die chinesische Flöte. Nachdichtungen chinesischer Lyrik. Wiederauflage der ersten Ausgabe von 1907. Band 1. Yingyang Media Verlag, Kelkheim 2001.

OSKAR LOERKE 1884 in Jungen/Westpreußen geboren, 1941 in Berlin gestorben.

Pansmusik, S. 61. Aus: Oskar Loerke, Sämtliche Gedichte. Herausgegeben Uwe Pörksen und Wolfgang Menzel. Mit einem Essay von Lutz Seiler. Wallstein Verlag, Göttingen 2010.

CHRISTOPH MECKEL 1935 in Berlin geboren, lebt in Freiburg im Breisgau und Berlin.

Musterung, S. 155. Aus: Christoph Meckel, Tarnkappe. Gesammelte Gedichte. Carl Hanser Verlag, München 2015.

HELLMUTH OPITZ 1959 in Bielefeld geboren, lebt dort.
Nerven blank, S. 213. Aus: Hellmuth Opitz, Die Dunkelheit knistert wie Kandis. Gedichte. Pendragon Verlag, Bielefeld 2001. © Hellmuth Opitz.

DIRK VON PETERSDORFF 1966 in Kiel geboren, lebt in Jena.
Raucherecke. S. 229. Aus: Dirk von Petersdorff: Nimm den langen Weg nach Haus. Gedichte. Verlag C. H. Beck, München 2010.

MARION POSCHMANN 1969 in Essen geboren, lebt in Berlin.
Hinweise zur Erderwärmung, S. 233. Aus: Marion Poschmann, Geistersehen. Gedichte. © Suhrkamp Verlag Berlin 2010.

ALEXANDER PUSCHKIN 1799 in Moskau geboren, 1837 in St. Petersburg gestorben.
Gib Gott, daß mich nicht Wahnsinn packt, S. 37. Aus: Alexander Puschkin, Die Gedichte. Herausgegeben von Rolf D. Keil. Aus dem Russischen von Michael Engelhard. © Insel Verlag Frankfurt am Main 2003. Alle Rechte bei und vorbehalten durch Insel Verlag Berlin.

ILMA RAKUSA 1946 in Rimavská Sobota (Slowakei) geboren, lebt in Zürich.
Gedicht gegen die Angst, S. 189. Aus: Frankfurter Allgemeine Zeitung vom 23. 8. 2014. © Ilma Rakusa.

RAINER MARIA RILKE 1875 in Prag geboren, 1926 in Valmont bei Montreux gestorben.
Lied vom Meer, S. 45. Aus: Rainer Maria Rilke, Die Gedichte. Insel Verlag Frankfurt am Main 2006.

JOACHIM SARTORIUS 1946 in Fürth geboren, lebt in Berlin.
Diana, S. 195. Aus: Joachim Sartorius, In den ägyptischen Filmen. Gedichte. Mit einem Nachwort von Cees Nooteboom. Suhrkamp Verlag, Frankfurt am Main 2001. © 2001 mit freundlicher Genehmigung von Joachim Sartorius.

ALBERT VON SCHIRNDING 1935 in Regensburg geboren, lebt in Egling/Oberbayern.
Nachricht an meinen Engel, S. 151. Aus: Albert von Schirnding, War ich da? Gedichte. Edition Toni Pongratz, Hauzenberg 2010.

CHARLES SIMIC 1938 in Belgrad geboren, lebt in Strafford/New Hampshire.
Jahrmarkt, S. 163. Romantisches Sonett, S. 167. Aus: Charles Simic, Ein

Buch von Göttern und Teufeln. Gedichte. Aus dem Amerikanischen von Hans Magnus Enzensberger. Edition Akzente. Carl Hanser Verlag, München 1993.

THEODOR STORM 1817 in Husum geboren, 1888 in Hademarschen/Holstein gestorben.

Lied des Harfenmädchens, S. 43. Aus: Theodor Storm, Gedichte. Herausgegeben von Gottfried Honnefelder. Insel Verlag, Frankfurt am Main 1983.

GISELA TRAHMS 1944 in Soest/Westfalen, lebt in Düsseldorf.

Ach, S. 185. Aus: Frankfurter Allgemeine Zeitung vom 9.8.2014. © Gisela Trahms 2014.

GEORG TRAKL 1887 in Salzburg geboren, 1914 in Krakau gestorben.

An den Knaben Elis, S. 67. Sonja, S. 71. Aus: Georg Trakl, Das dichterische Werk. Deutscher Taschenbuchverlag, München 1998.

TOMAS TRANSTRÖMER 1931 in Stockholm geboren, 2015 ebenda gestorben.

Schwarze Ansichtskarten, S. 143. Aus: Tomas Tranströmer, Sämtliche Gedichte. Aus dem Schwedischen übersetzt von Hanns Grössel. Edition Akzente. Carl Hanser Verlag, München 1997.

GIUSEPPE UNGARETTI 1888 in Alexandria geboren, 1970 in Mailand gestorben.

In Memoriam, S. 79. Aus: Giuseppe Ungaretti, Gedichte. Italienisch und deutsch. Übertragen und Nachwort von Ingeborg Bachmann. © by Arnoldo Mondadori Editore, Milano. © Suhrkamp Verlag Frankfurt am Main 1961.

ROBERT WALSER 1878 in Biel geboren, 1956 nahe Herisau gestorben.

Wie immer, S. 49. Aus: Robert Walser, Sämtliche Werke in Einzelausgaben. Herausgegeben von Jochen Greve. Band 13: Die Gedichte. Mit freundlicher Genehmigung der Robert Walser-Stiftung, Bern. © Suhrkamp Verlag Zürich 1978 und 1985.

ERNEST WICHNER 1952 in Guttenbrunn (Banat/Rumänien) geboren, lebt in Berlin.

Desperates Berlin der Zeit 1920, S. 199. Aus: Ernest Wichner, »bin ganz wie aufgesperrt«. Gedichte. Verlag Das Wunderhorn, Heidelberg 2010.

WILLIAM CARLOS WILLIAMS 1883 in Rutherford/New Jersey geboren, 1963 ebenda gestorben.

Ich wollte nur sagen, S. 53. Aus: Frankfurter Allgemeine Zeitung vom 16.5.2015. © der deutschen Übersetzung Heinrich Detering 2015.

Vollkommenheit, S. 57. Aus: William Carlos Williams, Der harte Kern der Schönheit. Ausgewählte Gedichte. Amerikanisch und Deutsch. Übersetzt von Hans Magnus Enzensberger © 1991 Carl Hanser Verlag München.

GABRIELE WOHMANN 1932 in Darmstadt geboren, 2015 ebenda gestorben.

Armer Beethoven, S. 147. Aus: Gabriele Wohmann, Im Kurpark von Aachen. Gedichte. Edition Toni Pongratz, Hauzenberg 2012.

UNICA ZÜRN 1916 in Berlin geboren, 1970 in Paris gestorben.

Aus dem Leben eines Taugenichts, S. 107. Aus: Unica Zürn, Anagramme. Verlag Brinkmann & Bose, Berlin 1988.

MARINA ZWETAJEWA 1892 in Moskau geboren, 1941 in Jelabuga gestorben.

An Deutschland, S. 85. Aus: http://gerthans.privat.t-online.de/45001/48251.html. © Gert Hans Wengel.

VERZEICHNIS DER INTERPRETEN DES
VORLIEGENDEN BANDES

Mirko Bonné geboren 1965 in Tegernsee, lebt in Hamburg. Neben Übersetzungen von u. a. Sherwood Anderson, Robert Creeley, E. E. Cummings, Emily Dickinson, John Keats und William Butler Yeats veröffentlichte er bislang fünf Romane und fünf Gedichtbände sowie Aufsätze und Reisejournale. Für sein Werk wurde Mirko Bonné vielfach ausgezeichnet, u. a. mit dem Ernst-Willner-Preis (2002), dem Prix Relay du Roman d'Evasion (2008), dem Marie Luise Kaschnitz-Preis (2010) und dem Rainer-Malkowski-Preis (2014). Sein Roman »Nie mehr Nacht« stand 2013 auf der Shortlist für den Deutschen Buchpreis.

Hans Christoph Buch geboren 1944 in Wetzlar, lebt in Berlin. Er veröffentlichte unter anderem »Unerhörte Begebenheiten« (1966), »Die Hochzeit von Port-au-Prince« (1984), »Rede des toten Kolumbus am Tag des Jüngsten Gerichts« (1992), »Der Burgwart der Wartburg – Eine deutsche Geschichte« (1994), »Kain und Abel in Afrika« (2001), »Tanzende Schatten oder Der Zombie bin ich« (2004), »Tod in Habana« (2007), »Das rollende R der Revolution« (2008), »Reise um die Welt in acht Nächten. Ein Abenteuerroman« (2009), »Apokalypse Afrika oder Schiffbruch mit Zuschauern« (2011), »Baron Samstag oder das Leben nach dem Tod« (2013), »Nolde und ich – Ein Südseetraum« (2013) und »Boat People. Literatur als Geisterschiff« (2014).

Friedrich Christian Delius geboren 1943 in Rom, in Hessen aufgewachsen, lebt heute in Berlin. Mit zeitkritischen Romanen und Erzählungen, aber auch als Lyriker wurde Delius zu einem der wichtigsten deutschen Gegenwartsautoren. Bereits vielfach ausgezeichnet, erhielt Delius zuletzt den Walter-Hasenclever-Literaturpreis, den Fontane-Preis, den Joseph-Breitbach-Preis sowie den Georg-Büchner-Preis 2011. Zuletzt erschien der Roman »Die linke Hand des Papstes« (2014) und zusammen mit Renate von Mangoldt und Rainer Nitsche »Tanz durch die Stadt. Aus meinem Berlin-Album« (2014).

Heinrich Detering geboren 1959, ist Professor für deutsche und ver-

gleichende Literatur an der Universität Göttingen und Präsident der
Deutschen Akademie für Sprache und Dichtung. Er ist u. a. Mitheraus-
geber der kommentierten Ausgabe der Werke, Briefe und Tagebücher
von Thomas Mann. Zuletzt erschienen die Gedichtbände »Old Glory«
(2010) und »Wundertiere« (2015).

KURT DRAWERT geboren 1956 in Hennigsdorf bei Berlin, lebt als Autor von Lyrik, Prosa, Dramatik und Essays in Darmstadt, wo er auch
das Zentrum für junge Literatur leitet. Zuletzt erschienen der Roman
»Ich hielt meinen Schatten für einen anderen und grüßte« (2008), die
gesammelten Gedichte »Idylle, rückwärts« (2011), die Monographie
»Schreiben. Vom Leben der Texte« (2012) und »Spiegelland. Roman,
Prosa & Material« (2014). Für seine Prosa wurde Drawert ausgezeich-
net u. a. mit dem Preis der Jürgen Ponto-Stiftung, dem Uwe-Johnson-
Preis und dem Ingeborg-Bachmann-Preis, für seine Lyrik u. a. mit
dem Leonce-und-Lena-Preis, dem Lyrikpreis Meran, dem Nikolaus-
Lenau-Preis, dem Rainer-Malkowski-Preis, zuletzt mit dem Robert-
Gernhardt-Preis 2014.

RALPH DUTLI geboren 1954, lebt als freier Autor (Roman, Essay, Lyrik, Übersetzungen) in Heidelberg; er studierte in Zürich und Paris
Romanistik und Russistik. Für seinen Roman »Soutines letzte Fahrt«
(2013) wurde er mit dem Rheingau Literaturpreis, dem Preis der Lite-
raTour Nord und dem Düsseldorfer Literaturpreis gewürdigt. Zuletzt
erschien der Roman »Die Liebenden von Mantua« (2015).

ELKE ERB geboren 1938 in Scherbach (Eifel), aufgewachsen in Halle an
der Saale, lebt in Berlin. Sie veröffentlichte Prosa, Lyrik, prozessuale
Texte, Übersetzungen und Nachdichtungen (Block, Jessenin, Zwetajewa, Achmatowa). Auszeichnungen u. a. Peter-Huchel-Preis 1988 (für
»Kastanienallee«. Texte und Kommentare, 1987), Heinrich-Mann-
Preis (zus. mit Adolf Endler) 1990, Erich-Fried-Preis 1995, Ida-Deh-
mel-Preis 1995, Norbert-C.-Kaser-Preis 1998, F.-C.-Weiskopf-Preis
der Akademie der Künste Berlin 1999, Hans-Erich-Nossack-Preis
2007 für ihr Gesamtwerk, 2011 Preis der Literaturhäuser, 2011 Erlan-
ger Literaturpreis für Poesie als Übersetzung, 2012 Roswitha-Preis der
Stadt Bad Ganderheim, 2012 Georg-Trakl-Preis für Lyrik, 2013 Ernst-
Jandl-Preis für Lyrik.

HARALD HARTUNG geboren 1932 im westfälischen Herne, lebt als Lyriker, Kritiker und Essayist in Berlin. Der Band »Aktennotiz meines
Engels. Gedichte 1957–2004« (2005) versammelt »ein meisterhaftes

Lebenswerk« (Michael Maar). Hartung hat deutsche und internationale Lyrik in berühmt gewordenen Anthologien wie »Luftfracht« (1991) und »Jahrhundertgedächtnis« (1998) und in Essaybüchern wie »Masken und Stimmen« (1996) vermittelt und analysiert. Zuletzt erschienen »Der Tag vor dem Abend. Aufzeichnungen« (2012) und »Die Launen der Poesie. Deutsche und internationale Lyrik seit 1980« (2014).

KERSTIN HENSEL 1961 in Karl-Marx-Stadt geboren, lebt in Berlin. Sie arbeitete als Krankenschwester, studierte am Institut für Literatur in Leipzig und unterrichtet heute an der Hochschule für Schauspielkunst »Ernst Busch«. Sie verfasste mehrere Gedichtbände sowie Romane und Erzählungen, zuletzt »Federspiel« (2012), »Das gefallene Fest. Gedichte und Denkzettel« (2013) und »Das verspielte Papier. Über starke, schwache und vollkommen misslungene Gedichte« (2014). Neben dem Leonce-und-Lena-Preis erhielt sie unter anderem den Gerrit-Engelke-Preis, den Ida-Dehmel-Literaturpreis und den Walter-Bauer-Preis.

KERSTIN HOLM geboren am 23. August 1958 in Hamburg, studierte Musikwissenschaft, Slawistik, Romanistik und Germanistik. Von 1991 bis 2013 berichtete sie für die »Frankfurter Allgemeine Zeitung« aus dem Gebiet der ehemaligen Sowjetunion über Kultur im weitesten Sinn. 2003 erschien ihr Russland-Panorama »Das korrupte Imperium«. 2008 folgte ihr Buch »Rubens in Sibirien« über Beutekunst aus Deutschland in der russischen Provinz. 2012 erschien unter dem Titel »Moskaus Macht und Musen« ihre Anatomie der russischen Gesellschaft aus der Sicht der Schriftsteller Wladimir Sorokin und Alina Wituchnowskaja sowie der Komponisten Wladimir Martynow und Wladimir Tarnopolski. Seit ihrer Rückkehr in die Zentrale beobachtet sie das Theaterleben, ohne die russischen Dinge aus dem Blick zu verlieren.

NORBERT HUMMELT wurde 1962 in Neuss geboren. Für seine Gedichte wurde er u. a. mit dem Rolf-Dieter-Brinkmann-Preis, dem Mondseer Lyrikpreis, dem Hermann-Lenz-Stipendium und dem Niederrheinischen Literaturpreis ausgezeichnet. Er lehrte wiederholt seit 2002 am Deutschen Literaturinstitut Leipzig. Zuletzt erschienen die Gedichtbände »Totentanz« (2007) und »Pans Stunde« (2011).

LORENZ JÄGER Jahrgang 1951, studierte Soziologie und Germanistik. Nach der Promotion lehrte er in Japan und in den Vereinigten Staaten und lebt heute in Frankfurt am Main. Er ist Redakteur im Feuilleton der »Frankfurter Allgemeinen Zeitung«. Zahlreiche Editionen und

Monographien zur Bild- und Ideengeschichte der Moderne, unter anderem »Adorno. Eine politische Biographie« (2003), »Hauptsachen. Gedanken und Einsichten über den Glauben und die Kirche« (2010), »Signaturen des Schicksals« (2012), »Fromme Übungen« (2013) und »Beschädigte Schönheit. Eine Ästhetik des Handicaps« (2014).

JOCHEN JUNG geboren 1942 in Frankfurt am Main, ist seit dem Jahr 2000 Verleger des Jung und Jung Verlages in Salzburg und schreibt für die »ZEIT«, den Berliner »Tagesspiegel«, die Wiener »Presse« und das »Börsenblatt des deutschen Buchhandels«. Selbständige Publikationen: »Ein dunkelblauer Schuhkarton. Hundert Märchen und mehr« (2000), »Täglich Fieber«. Erzählungen (2003), der Roman »Venezuela« (2005), »Das süße Messer«. Eine Novelle (2009), »Wolkenherz«. Eine Geschichte (2012) sowie zuletzt seine Erinnerungen an die Zusammenarbeit mit Dichterinnen und Dichtern unter dem Titel »Zwischen Ohlsdorf und Chaville. Die Dichter und ihr Geselle« (2015).

JÜRGEN KAUBE 1962 geboren in Worms am Rhein. Studierte zunächst Philosophie, Germanistik und Kunstgeschichte, dann als romantische Ergänzung Wirtschaftswissenschaften an der Freien Universität Berlin. Der Volkswirt entdeckte durch Niklas Luhmann die Soziologie und blieb dabei. Eine Hochschulassistenz führte kurzzeitig nach Bielefeld. Seit 1992 regelmäßige Mitarbeit am Feuilleton der »Frankfurter Allgemeine Zeitung«, 1999 Eintritt in die Redaktion, zunächst als Berliner Korrespondent, seit September 2000 in Frankfurt. Zuständig für Wissenschafts- und Bildungspolitik wurde er im August 2008 Ressortleiter für die »Geisteswissenschaften« und 2012 für »Neue Sachbücher« sowie stellvertretender Leiter des Feuilletons. Seit dem 1. Januar 2015 Herausgeber. Träger des Ludwig-Börne-Preises 2015.

SANDRA KERSCHBAUMER geboren 1971 in Hamburg, ist Journalistin und Literaturwissenschaftlerin an der Friedrich-Schiller-Universität Jena. Sie veröffentlichte unter anderem »Heines moderne Romantik« (2000) und als Mitherausgeberin Peter Rühmkorfs »Die Märchen« (2007), »Kulturmuster der Aufklärung. Ein neues Heuristikum in der Diskussion« (2011) und zusammen mit Daniel Fulda und Stefan Matuschek »Aufklärung und Romantik. Epochenschnittstellen« (2015).

RUTH KLÜGER geboren 1931 in Wien, ist emeritierte Professorin für Germanistik an der University of California, Irvine (USA). Sie veröffentlichte unter anderem »weiter leben. Eine Jugend« (1992), »Katastrophen. Über deutsche Literatur« (1994), »Von hoher und niedriger

Literatur« (1996), »Frauen lesen anders. Essays« (1996), »Dichter und Historiker. Fakten und Fiktionen« (2000), »Ein alter Mann ist stets ein König Lear« (2004), »Gelesene Wirklichkeit. Fakten und Fiktionen in der Literatur« (2006), »Gemalte Fensterscheiben. Über Lyrik« (2007), »unterwegs verloren. Erinnerungen« (2008), »Was Frauen schreiben« (2010), »Freuds Ödipus im androgynen Rosenkavalier« (2012) und »Zerreißproben. Kommentierte Gedichte« (2013).

Uwe Kolbe 1957 in Ostberlin geboren, übersiedelte 1988 nach Hamburg, wo er heute, nach Jahren in Tübingen und Berlin, wieder lebt. Seit 2007 war er mehrfach als »poet in residence« in den USA. Für seine Arbeit wurde er u.a. mit dem Stipendium der Villa Massimo, dem Preis der Literaturhäuser, dem Heinrich-Mann-Preis und dem Lyrikpreis Meran ausgezeichnet. Im S. Fischer Verlag erschienen die Gedichtbände »Lietzenlieder« (2012) und »Gegenreden« (2015) sowie der Roman »Die Lüge« (2014) und der Essay »Brecht. Ein Beitrag zur Rolle des Dichters« (2016).

Angela Krauss wurde 1950 in Chemnitz geboren, studierte zunächst Werbegestaltung in Berlin und arbeitete dort für Messen und Ausstellungen. 1976 nahm sie das Studium am Literaturinstitut »Johannes R. Becher« in Leipzig auf, wo sie seit 1980 als freie Schriftstellerin lebt. Für ihre Werke wurde sie mit zahlreichen Preisen ausgezeichnet, u.a. mit dem Wilhelm-Müller-Preis des Landes Sachsen-Anhalt für ihr schriftstellerisches Gesamtwerk (2013). Zuletzt erschienen »Im schönsten Fall« (2011) und »Eine Wiege« (2015).

Michael Krüger geboren 1943 in Wittgendorf/Sachsen-Anhalt, lebt in München und ist zurzeit Präsident der Bayerischen Akademie der Schönen Künste. Er war viele Jahre Verlagsleiter der Carl Hanser Literaturverlage und Herausgeber der »Akzente« sowie der »Edition Akzente«. Er ist Mitglied verschiedener Akademien und Autor mehrerer Gedichtbände, Geschichten, Novellen, Romane und Übersetzungen. Für sein schriftstellerisches Werk erhielt er zahlreiche Auszeichnungen, u.a. den Peter-Huchel-Preis (1986), den Mörike-Preis (2006) und den Joseph-Breitbach-Preis (2010). Zuletzt erschien sein erster Erzählband »Der Gott hinter dem Fenster« (2015).

Herbert Lehnert ist Research Professor of German an der University of California, Irvine. Er zählt zu den großen Thomas-Mann-Forschern und wurde 1998 mit der Thomas-Mann-Medaille ausgezeichnet. Zahlreiche Aufsätze und Buchpublikationen liegen von ihm vor, zuletzt erschien, in Zusammenarbeit mit Eva Wessell, »A Companion to the Works of Thomas Mann«.

ANGELIKA OVERATH wurde 1957 in Karlsruhe geboren. Sie arbeitet als Reporterin, Literaturkritikerin und Dozentin und hat die Romane »Nahe Tage« (2005) und »Flughafenfische« (2009) geschrieben. Der Roman »Flughafenfische« wurde u. a. für den Deutschen und Schweizer Buchpreis nominiert. Zuletzt erschienen »Fließendes Land. Geschichten vom Schreiben und Reisen« (2012) und der Roman »Sie dreht sich um« (2014). Für ihre literarischen Reportagen wurde sie mit dem Egon-Erwin-Kisch-Preis ausgezeichnet. Sie lebt in Sent, Graubünden.

DIRK VON PETERSDORFF geboren 1966 in Kiel, ist Professor an der Friedrich-Schiller-Universität Jena und Schriftsteller. Er veröffentlichte unter anderem »Wie es weitergeht. Gedichte« (1992), »Mysterienrede. Zum Selbstverständnis romantischer Intellektueller« (1996), »Verlorene Kämpfe. Essays zur literarischen Moderne« (2001), »Lebensanfang« (2007), »Geschichte der deutschen Lyrik« (2008), »Nimm den langen Weg nach Haus. Gedichte« (2010) und »Sirenenpop. Gedichte« (2014).

MATTHIAS POLITYCKI 1955 geboren, lebt in Hamburg und München. Er publiziert seit 1987 Romane, Erzählungen, Essays sowie Gedichte und zählt mittlerweile zu den renommiertesten Vertretern der deutschen Gegenwartsliteratur. Zuletzt erschienen der Abenteuer- und Untergangsroman »Samarkand, Samarkand« (2013), »42,195 – Warum wir Marathon laufen und was wir dabei denken« sowie die zwei Lyrik-Bände »Dies irre Geglitzer in deinem Blick. 111 Gedichte« und »Ägyptische Plagen. Gebirg und Wüste Sinai« (2015).

ILMA RAKUSA wurde 1946 in Rimavská Sobota (Slowakei) geboren. Ihre frühe Kindheit verbrachte sie in Budapest, Ljubljana und Triest. 1951 übersiedelte sie mit ihren Eltern nach Zürich. Studium der Slawistik und Romanistik in Zürich, Paris und St. Petersburg. 1977 debütierte sie mit der Gedichtsammlung »Wie Winter« Seither sind zahlreiche Lyrik-, Erzähl- und Essaybände erschienen, zuletzt »Einsamkeit mit rollendem ›r‹« (2014). Ilma Rakusa übersetzt aus dem Russischen, Serbokroatischen, Ungarischen und Französischen, als Publizistin (»Neue Zürcher Zeitung«, »Die Zeit«), und als Lehrbeauftragte setzt sie sich für die Vermittlung osteuropäischer Literaturen ein. Ihre Arbeit wurde mit namhaften Preisen und Stipendien ausgezeichnet. Ilma Rakusa ist Mitglied der Deutschen Akademie für Sprache und Dichtung. Sie lebt in Zürich.

Jan Volker Röhnert 1976 in Gera geboren, lebt seit 2011 in Braunschweig. Zuletzt erschienen der Gedichtband »Metropolen« (2007), »Notes from Sofia. Bulgarische Blätter« (2011), »Thrakisches Tagebuch« (2013) und der Gedichtband »Wolkenformeln« (2014). Übersetzungen aus dem Amerikanischen: John Ashbery, Christopher Edgar und Craig Arnold.

Hendrik Rost geboren 1969 in Burgsteinfurt, Westfalen, studierte nach einem Aufenthalt in den USA Germanistik und Philosophie in Kiel und Düsseldorf. Er lebt heute als freier Autor und Korrektor in Hamburg und ist passionierter Wellenreiter. Für seine Werke wurde er mit vielfachen Preisen ausgezeichnet, u.a. dem Clemens-Brentano-Preis (1999), dem Wolfgang-Weyrauch-Preis (2001), dem Stipendium des Literarischen Colloquiums Berlin (2001), dem Dresdner Lyrikpreis (2003), dem Förderpreis zum Ernst-Meister-Preis (2003) und dem Förderpreis des Landes Nordrhein-Westfalen für Literatur (2004). Zuletzt erschienen die Gedichtbände »Der Pilot in der Libelle« (2010) und »Licht für andere Augen« (2013).

Joachim Sartorius geboren 1946 in Fürth, ist Lyriker, Übersetzer und Publizist und hat u.a. die Werkausgabe von Malcolm Lowry und den »Atlas der neuen Poesie« herausgegeben. Er wuchs in Tunis auf und verbrachte zwei Jahrzehnte im diplomatischen Dienst in New York, Istanbul und Nikosia. Bis 2000 war Joachim Sartorius Generalsekretär des Goethe-Instituts, von 2001 bis 2011 war er Intendant der Berliner Festspiele. Er lebt und arbeitet in Berlin. Zuletzt erschienen »Mein Zypern« (2013) und »Niemals eine Atempause. Handbuch der politischen Poesie im 20. Jahrhundert« (2014).

Silke Scheuermann geboren 1973 in Karlsruhe, lebt in Offenbach am Main. Sie studierte Theater- und Literaturwissenschaften in Frankfurt, Leipzig und Paris und arbeitete am Germanistischen Institut der Goethe-Universität Frankfurt am Main. Sie veröffentlichte unter anderem die Gedichtbände »Der Tag an dem die Möwen zweistimmig sangen« (2001), »Der zärtlichste Punkt im All« (2004), »Über Nacht ist es Winter« (2007) und »Skizze vom Gras« (2014), den Prosaband »Reiche Mädchen« (2005), das Kinderbuch »Emma James und die Zukunft der Schmetterlinge« (2010) sowie die Romane »Die Stunde zwischen Hund und Wolf« (2007), »Shanghai Performance« (2011) und »Die Häuser der anderen« (2012).

Albert von Schirnding geboren 1935 in Regensburg, ist Lyriker, Erzähler, Essayist und Literaturkritiker. Bekannt geworden ist er u. a. als Interpret griechischer Philosophie. Schirnding ist Mitglied der Bayerischen Akademie der Schönen Künste und der Akademie der Wissenschaften und der Literatur in Mainz. Zuletzt erschienen der Gedichtband »Höhersteigen« (2015) und der Prosaband »Jugend, gestern. Jahre – Tage – Stunden« (2015).

ELKE SCHMITTER geboren 1961 in Krefeld, studierte Philosophie und arbeitete als Journalistin und Feuilletonistin für die »taz«, die »Süddeutsche Zeitung« und »Die Zeit«. Seit 2001 ist sie Kulturredakteurin in der »Spiegel«-Redaktion. Sie veröffentlichte Romane (u. a. »Frau Sartoris«, in 20 Sprachen übersetzt), Gedichte, Essaybände und Textsammlungen.

LUTZ SEILER wurde 1963 in Gera/Thüringen geboren, heute lebt er in Wilhelmshorst bei Berlin und in Stockholm. Nach einer Lehre als Baufacharbeiter arbeitete er als Zimmermann und Maurer. 1990 schloss er ein Studium der Germanistik ab, seit 1997 leitet er das Literaturprogramm im Peter-Huchel-Haus. Er unternahm Reisen nach Zentralasien, Osteuropa und war Writer in Residence in der Villa Aurora in Los Angeles sowie Stipendiat der Villa Massimo in Rom. Für sein Werk erhielt er mehrere Preise, darunter den Ingeborg-Bachmann-Preis, den Bremer Literaturpreis, den Fontane-Preis, den Uwe-Johnson-Preis und den Marie Luise Kaschnitz-Preis. Zuletzt erschien der Roman »Kruso« (2014), der mit dem Deutschen Buchpreis ausgezeichnet wurde.

CLEMENS J. SETZ wurde 1982 in Graz geboren, wo er Mathematik sowie Germanistik studierte und heute als Übersetzer und freier Schriftsteller lebt. 2011 wurde er für seinen Erzählband »Die Liebe zur Zeit des Mahlstädter Kindes« mit dem Preis der Leipziger Buchmesse ausgezeichnet. Sein Roman »Indigo« stand auf der Shortlist des Deutschen Buchpreises 2012 und wurde mit dem Literaturpreis des Kulturkreises der deutschen Wirtschaft 2013 ausgezeichnet. 2014 erschien sein erster Gedichtband »Die Vogelstraußtrompete« und zuletzt 2015 sein Roman »Die Stunde zwischen Frau und Gitarre«.

HUBERT SPIEGEL geboren 1962 in Essen, Literaturwissenschaftler und Historiker, arbeitet seit 1988 für die Frankfurter Allgemeine Zeitung. Er leitete jahrelang ihr Literaturblatt und ist seit 2009 Deutschland-Korrespondent. Er ist Herausgeber der Bände »Welch ein Leben. Marcel Reich-Ranickis Erinnerungen«, »Lieber Lord Chandos. Antworten auf einen Brief«, »Mein Lieblingsbuch. Fünfzig Liebeserklärungen«, »Begegnungen mit Marcel Reich-Ranicki« und »Kafkas Sätze«. 2005 wurde der mit dem Alfred-Kerr-Preis für Literaturkritik ausgezeichnet.

MARLEEN STOESSEL geboren in Meiningen/Thüringen, lebt als freie Autorin und Kulturpublizistin in Berlin. Studium der Literatur und Philosophie. Mehrere Jahre lang Lehrbeauftragte am Institut für Allgemeine und Vergleichende Literaturwissenschaft der FU Berlin. Dramaturgische und publizistische Arbeiten, Rezensionen, Essays, Theaterkritiken. Zuletzt erschien »Lob des Lachens. Eine Schelmengeschichte des Humors« (2015).

GISELA TRAHMS geboren 1944 in Soest/Westfalen, lebt in Düsseldorf. Sie studierte Germanistik und Philosophie und schreibt für Literaturzeitschriften und Internetforen. Sie veröffentlichte unter anderem »Die Schlangen wechseln die Ufer« (2010) und »Rauchen« (2011).

HANS-ULRICH TREICHEL 1952 in Versmold/Westfalen geboren, ist mehrfach ausgezeichneter Autor von Romanen, Erzählungen, Lyrikbänden und Essays. Nach dem Germanistikstudium an der Freien Universität Berlin promovierte er 1984 mit einer Arbeit über Wolfgang Koeppen. Er war Lektor für deutsche Sprache in Salerno und Pisa und im Anschluss Wissenschaftlicher Mitarbeiter für Neuere Deutsche Literatur an der FU Berlin; er habilitierte sich 1993. Seit 1995 ist er Professor am Deutschen Literaturinstitut der Universität Leipzig. Er lebt in Leipzig und Berlin. Zuletzt erschienen: »Grunewaldsee« (Roman, 2010), »Endlich Berliner« (2011) und »Mein Sardinien. Eine Liebesgeschichte« (2012).

KETO VON WABERER geboren in Augsburg, studierte Architektur in München und Mexiko. Neben ihrer schriftstellerischen Arbeit, für die sie mehrfach ausgezeichnet wurde, u. a. mit dem Literaturpreis der Stadt München 2011, ist sie auch als Übersetzerin aus dem Spanischen und Englischen hervorgetreten. Außerdem lehrt sie seit 1998 Creative Writing an der Hochschule für Film und Fernsehen in München. Zuletzt erschien der Roman »Mingus« (2012).

JAN WAGNER 1971 in Hamburg geboren, lebt in Berlin. 2001 erschien sein erster Gedichtband »Probebohrung im Himmel«. Es folgten »Guerickes Sperling« (2004), »Achtzehn Pasteten« (2007), »Australien« (2010), »Die Eulenhasser in den Hallenhäusern« (2012) und »Regentonnenvariationen« (2014). Für seine Lyrik wurde er vielfach ausgezeichnet, zuletzt mit dem Hölderlin-Preis der Stadt Tübingen und dem Mörike-Preis der Stadt Fellbach. Für »Regentonnenvariationen« erhielt er 2015 den Preis der Leipziger Buchmesse.

RON WINKLER geboren 1973 in Jena, lebt als Lyriker und Übersetzer aus dem Englischen in Berlin. Von ihm erschienen bisher vier Gedichtbände, zuletzt »Prachtvolle Mitternacht« (2013). Herausgeber verschiedener Anthologien, darunter »Schneegedichte« (2011) und zusammen mit Tom Schulz »Venedig. Der venezianische Traum. Gedichte« (2015). 2005 erhielt er den Leonce-und-Lena-Preis, 2006 den Mondseer Lyrikpreis. Zuletzt wurde er 2012 mit dem Rainer-Malkowski-Stipendium ausgezeichnet.

GABRIELE WOHMANN 1932 in Darmstadt geboren, gehörte zu den wichtigsten Schriftstellerinnen ihrer Generation. Ihr umfangreiches Werk umfasst Romane, Gedichte, Essays, Hör- und Fernsehspiele, vor allem aber galt sie als eine Meisterin der Kurzgeschichte. Mit scharfem, ironischem Blick und einem Gespür für die verborgenen Dramen des Alltags schrieb sie unverwechselbare und stets pointierte Shortstorys über die Abgründe und Tröstungen des normalen Lebens. Gabriele Wohmann erhielt zahlreiche Preise, darunter den Bremer Literaturpreis, den Hessischen Kulturpreis und das Große Bundesverdienstkreuz. Sie starb am 22. Juni 2015 in Darmstadt. Zuletzt erschienen die Sammlungen »Scherben hätten Glück gebracht« (2006), »Schwarz und ohne alles« (2008), »Wann kommt die Liebe« (2010) und, herausgegeben von Georg Magirius, »Eine souveräne Frau. Die schönsten Erzählungen« (2012).

ROLF WONDRATSCHEK wurde 1943 in Rudolstadt/Thüringen geboren und wuchs in Karlsruhe auf. Er studierte Literaturwissenschaft und Philosophie in Heidelberg, Göttingen und Frankfurt am Main. 1964–65 war er Redakteur der Zeitschrift »Text + Kritik«. 1969 erschien sein erstes Buch »Früher begann der Tag mit einer Schußwunde«. Wondratschek schrieb Prosastücke, Gedichte (Leonce-und-Lena-Preis 1968), Songs, Filmdrehbücher und zahlreiche Hörspiele. Zuletzt erschienen »Das Geschenk« (2011) und »Mittwoch« (2013). Heute lebt er als freier Schriftsteller in Wien.

VERZEICHNIS DER IN DEN BÄNDEN 1–39
INTERPRETIERTEN GEDICHTE

ERICH ARENDT
   Garcia Lorca, Bd. 28, S. 131 (Walter Hinck)
SIMON ARMITAGE
   Der Schrei, Bd. 39, S. 225 (Sandra Kerschbaumer)
ERNST MORITZ ARNDT
   Klage um den kleinen Jakob, Bd. 6, S. 55 (Elisabeth Borchers)
ACHIM VON ARNIM
   Mit jedem Druck der Feder, Bd. 8, S. 61 (Christa Melchinger)
   Mir ist zu licht zum Schlafen, Bd. 13, S. 103 (Gerhard Schulz)
   Nur was ich liebe, Bd. 18, S. 51 (Rolf Vollmann)
   Der Welt Herr, Bd. 33, S. 69 (Harald Hartung)
HANS ARP
   Blatt um Feder um Blatt, Bd. 1, S. 123 (Karl Krolow)
   In einem Hause, Bd. 2, S. 119 (Michael Hamburger)
   Bei grünem Leibe, Bd. 11, S. 151 (Ludwig Harig)
   Schneethlehem, Bd. 28, S. 115 (Ludwig Harig)
H. C. ARTMANN
   ein reißbrett aus winter, Bd. 3, S. 219 (Karl Krolow)
   den hintern sollte ich dir, Bd. 17, S. 193 (Elisabeth Borchers)
   taprobane, Bd. 19, S. 215 (Jochen Jung)
   es zupft die mandoline, Bd. 23, S. 183 (Barbara Frischmuth)
   ich bitte dich, Bd. 34, S. 161 (Hans Christian Kosler)
JOHN ASHBERY
   Spätes Echo, Bd. 39, S. 119 (Joachim Sartorius)
HANS ASSMANN VON ABSCHATZ
   Die schöne Blatternde, Bd. 31, S. 37 (Ruth Klüger)
CYRUS ATABAY
   Schutzfarben, Bd. 1, S. 231 (Marie Luise Kaschnitz)
ROSE AUSLÄNDER
   Paul Celans Grab, Bd. 1, S. 161 (Karl Krolow)
   Jerusalem, Bd. 4, S. 179 (Horst Krüger)
   Mein Venedig, Bd. 10, S. 201 (Joseph Anton Kruse)
   Salzburg, Bd. 15, S. 195 (Ulrich Weinzierl)
   Ein Märchen, Bd. 25, S. 173 (Walter Hinck)
INGEBORG BACHMANN
   Die gestundete Zeit, Bd. 1, S. 215 (Hilde Spiel)
   Anrufung des Großen Bären, Bd. 3, S. 227 (Wolfgang Leppmann)
   Wahrlich, Bd. 4, S. 197 (Horst Bienek)

Walt Disney, Bd. 22, S. 165 (Günter Kunert)
Stein-Gesicht, Bd. 25, S. 123 (Hans Christoph Buch)
Riemenschneider, Bd. 26, S. 115 (Wolfgang Werth)
Auf das Spiel einer Fußball-Mannschaft, Bd. 30, S. 127 (Uwe Wittstock)
Der Sommer summt, Bd. 34, S. 117 (Gert Ueding)
Café Stefanie, Bd. 36, S. 103 (Walter Hinck)

JÜRGEN BECKER
Gedicht, sehr früh, Bd. 1, S. 247 (Walter Hinck)
Gedicht über Schnee im April, Bd. 4, S. 225 (Harald Hartung)
Das Fenster am Ende des Korridors, Bd. 4, S. 229 (Walter Hinck)
Winter, belgische Küste, Bd. 35, S. 193 (Joachim Sartorius)

RICHARD BEER-HOFMANN
Schlaflied für Mirjam, Bd. 2, S. 85 (Peter Härtling)

GOTTFRIED BENN
Menschen getroffen, Bd. 1, S. 115 (Günter Blöcker)
Ein Schatten an der Mauer, Bd. 1, S. 119 (Wolfdietrich Rasch)
Was schlimm ist, Bd. 2, S. 115 (Werner Ross)
Mann und Frau gehen durch die Krebsbaracke, Bd. 3, S. 139 (Peter Rühmkorf)
Reisen, Bd. 3, S. 145 (Horst Krüger)
Schöne Jugend, Bd. 4, S. 123 (Sibylle Wirsing)
Herr Wehner, Bd. 5, S. 159 (Hanspeter Brode)
Letzter Frühling, Bd. 5, S. 165 (Walter Busse)
Wirklichkeit, Bd. 5, S. 169 (Michael Zeller)
Stilleben, Bd. 6, S. 157 (Gershom Schocken)
Nachtcafé, Bd. 6, S. 161 (Marian Szyrocki)
Turin, Bd. 7, S. 155 (Hans J. Fröhlich)
Reisen, Bd. 8, S. 145 (Dieter E. Zimmer)
Von Bremens Schwesterstadt bis Sils Maria, Bd. 8, S. 149 (Hermann Kunisch)
Melodie, Bd. 10, S. 177 (Wolfgang Rothe)
Kleine Aster, Bd. 13, S. 191 (Uwe Kolbe)
Astern, Bd. 13, S. 195 (Hermann Burger)
Kommt –, Bd. 13, S. 199 (Hartmut von Hentig)
Einsamer nie –, Bd. 15, S. 151 (Eckart Kleßmann)
Ebereschen, Bd. 16, S. 121 (Ulrich Karthaus)
Gedichte, Bd. 16, S. 125 (Walter Hinck)
Eure Etüden, Bd. 17, S. 141 (Harald Hartung)

OTTO JULIUS BIERBAUM
  Er entsagt, Bd. 6, S. 117 (Hans Christoph Buch)
WOLF BIERMANN
  Nachricht, Bd. 3, S. 263 (Dieter E. Zimmer)
  Ballade vom preußischen Ikarus, Bd. 13, S. 257 (Walter Hinck)
  Kleines Lied von den bleibenden Werten, Bd. 14, S. 265 (Ulrich
  Greiner)
  Ermutigung, Bd. 16, S. 203 (Beate Pinkerneil)
  Heimat, Bd. 31, S. 203 (Günter Kunert)
  Größe des Menschen, Bd. 32, S. 205 (Georg Wöhrle)
  Bildnis eines alten Dichters, Bd. 37, S. 171 (Uwe Wittstock)
ERNST BLASS
  Nachts, Bd. 4, S. 145 (Günter Kunert)
  Der Nervenschwache, Bd. 8, S. 157 (Thomas Anz)
  Kreuzberg, Bd. 11, S. 161 (Günter Kunert)
NICO BLEUTGE
  schlaf II, Bd. 35, S. 233 (Ulrich Greiner)
JOHANNES BOBROWSKI
  Namen für den Verfolgten, Bd. 1, S. 191 (Siegfried Lenz)
  Dorfmusik, Bd. 4, S. 183 (Gerhard Schulz)
  Der Samländische Aufstand 1525, Bd. 6, S. 223 (Rudolf Jürgen Bartsch)
  Anruf, Bd. 7, S. 211 (Werner Keller)
  Hölderlin in Tübingen, Bd. 8, S. 219 (Hermann Burger)
  Märkisches Museum, Bd. 8, S. 223 (Sarah Kirsch)
  Nänie, Bd. 12, S. 223 (Eckart Kleßmann)
  Holunderblüte, Bd. 14, S. 217 (Werner Keller)
  Immer zu benennen, Bd. 15, S. 207 (Jürgen Theobaldy)
  J. S. Bach, Bd. 16, S. 163 (Eckart Kleßmann)
  Bericht, Bd. 21, S. 161 (Andreas F. Kelletat)
  Der Muschelbläser, Bd. 23, S. 179 (Harald Hartung)
  Im Strom, Bd. 24, S. 163 (Heinrich Detering)
  Holunderblüte, Bd. 27, S. 167 (Joachim Sartorius)
  Wilna, Bd. 28, S. 151 (Renate Schostack)
  Roter Mohn, Bd. 35, S. 171 (Eva Demski)
  Immer zu benennen, Bd. 39, S. 111 (Mirko Bonné)
ILONA BODDEN
  Epitaph, Bd. 4, S. 249 (Benno von Wiese)

ROLF BOSSERT
  Lied, Bd. 37, S. 193 (Marie Luise Knott)
NORA BOSSONG
  Leichtes Gefieder, Bd. 36, S. 231 (Wulf Segebrecht)
RAINER BRAMBACH
  Meine Vorfahren kamen nie vom Norden los, Bd. 9, S. 199 (Kurt Marti)
THOMAS BRASCH
  Lied, Bd. 6, S. 267 (Cyrus Atabay)
  Schlaflied für K., Bd. 6, S. 271 (Günter Kunert)
  Vorkrieg, Bd. 9, S. 253 (Reinhold Grimm)
  Der schöne 27. September, Bd. 11, S. 259 (Uwe Wittstock)
  Halb Schlaf, Bd. 28, S. 221 (Heinz Ludwig Arnold)
  Schließ die Tür und begreife, Bd. 32, S. 225 (Wolfgang Werth)
  Mitten am Tag eine Furcht, Bd. 36, S. 197 (Uwe Wittstock)
  Wer durch mein Leben will, muß durch mein Zimmer, Bd. 36, S. 201
  (Silke Scheuermann)
VOLKER BRAUN
  Durchgearbeitete Landschaft, Bd. 1, S. 265 (Peter Rühmkorf)
  Tagtraum, Bd. 13, S. 269 (Reinhold Grimm)
  Das Eigentum, Bd. 15, S. 263 (Sibylle Wirsing)
  Zu Brecht. Die Wahrheit einigt, Bd. 25, S. 225 (Wolfgang Werth)
  Spiegelgasse, Bd. 33, S. 215 (Jan-Christoph Hauschild)
BERTOLT BRECHT
  Das Schiff, Bd. 1, S. 139 (Siegfried Melchinger)
  Als ich in weißem Krankenzimmer der Charité, Bd. 2, S. 155 (Michael
  Hamburger)
  Kinderhymne, Bd. 2, S. 159 (Iring Fetscher)
  Erinnerung an die Marie A., Bd. 3, S. 183 und Bd. 38, S. 123 (Marcel
  Reich-Ranicki)
  Das Lied von der Moldau, Bd. 3, S. 187 (Elisabeth Borchers)
  Der Kirschdieb, Bd. 3, S. 191 (Werner Ross)
  Der Blumengarten, Bd. 4, S. 163 (Wulf Segebrecht)
  Der Gast, Bd. 4, S. 167 (Wolfgang Rothe)
  Gegen Verführung, Bd. 4, S. 171 (Horst Krüger)
  An den Schwankenden, Bd. 5, S. 199 (Jost Hermand)
  Wechsel der Dinge, Bd. 6, S. 193 (Iring Fetscher)
  Über induktive Liebe, Bd. 6, S. 197 (Reinhold Grimm)
  Glücklicher Vorgang, Bd. 6, S. 201 (Harald Weinrich)

Deutschland 1952, Bd. 21, S. 123 (Friedrich Dieckmann)

Der Blumengarten, Bd. 21, S. 127 (Carsten Gansel)

Apfelböck oder die Lilie auf dem Felde, Bd. 21, S. 133 (Ruth Klüger)

Schlechte Zeit für Lyrik, Bd. 21, S. 139 (Kurt Drawert)

Die Maske des Bösen, Bd. 22, S. 175 (Ludwig Harig)

An meine Landsleute, Bd. 22, S. 179 (Wolfgang Werth)

Von der Willfährigkeit der Natur, Bd. 23, S. 135 (Hans-Harald Müller)

Sonett, Bd. 23, S. 141 (Harald Hartung)

Ach, wie sollen wir die kleine Rose buchen?, Bd. 23, S. 145 (Gerhard Schulz)

Sieben Rosen hat der Strauch, Bd. 23, S. 149 (Sibylle Wirsing)

Zufluchtsstätte, Bd. 23, S. 153 (Walter Hinck)

Maria, Bd. 24, S. 125 (Hermann Kurzke)

Der Pflaumenbaum, Bd. 25, S. 131 (Wolfgang Brenneisen)

Über Goethes Gedicht »Der Gott und die Bajadere«, Bd. 25, S. 135 (Norbert Mecklenburg)

Die Wahrheit einigt, Bd. 25, S. 139 (Wolfgang Werth)

Die Rückkehr, Bd. 25, S. 143 (Wulf Segebrecht)

Das erste Sonett, Bd. 25, S. 147 (Eckhard Heftrich)

Der Bauch Laughtons, Bd. 25, S. 151 (Peter von Matt)

Weihnachtslegende, Bd. 25, S. 155 (Barbara Frischmuth)

Von den verführten Mädchen, Bd. 26, S. 125 (Doris Runge)

Fragen, Bd. 26, S. 129 (Peter Rühmkorf)

Als der Krist zur Welt geboren wurd, Bd. 29, S. 157 (Uwe Wittstock)

Plärrerlied, Bd. 29, S. 161 (Walter Hinck)

Oft in der Nacht träume ich, Bd. 30, S. 141 (Marie Luise Knott)

Vom Klettern in Bäumen, Bd. 32, S. 143 (Sebastian Kleinschmidt)

Lied von der Unzulänglichkeit menschlichen Strebens, Bd. 33, S. 163 (Dirk von Petersdorff)

Der Nachschlag, Bd. 33, S. 169 (Marie Luise Knott)

Vom Schwimmen in Seen und Flüssen, Bd. 34, S. 135 (Wolfgang Schneider)

Ulm 1592 (Der Schneider von Ulm), Bd. 34, S. 141 (Jan Knopf)

Landschaft des Exils, Bd. 34, S. 145 (Walter Hinck)

Die Gedanken des Glücklichen, Bd. 36, S. 119 (Marie Luise Knott)

Gedanken eines Revuemädchens während des Entkleidungsaktes, Bd. 37, S. 131 (Hans Christoph Buch)

Der Radwechsel, Bd. 38, S. 131 (Albert Ostermaier)

BARTHOLD HINRICH BROCKES
  Kirsch-Blüte bey der Nacht, Bd. 5, S. 23 (Hermann Glaser)
  Der gestirnte Baum, Bd. 9, S. 23 (Eckart Kleßmann)
  Gedanken bey dem Fall der Blätter im Herbst, Bd. 11, S. 17 (Eckart
  Kleßmann)
JOSEPH BRODSKY
  Sonett, Bd. 39, S. 177 (Hubert Spiegel)
GEORG BÜCHNER
  O meine müden Füße, ihr müßt tanzen, Bd. 33, S. 95 (Jan-Christoph
  Hauschild)
GOTTFRIED AUGUST BÜRGER
  Naturrecht, Bd. 4, S. 27 (Heinz Politzer)
  Mollys Abschied, Bd. 9, S. 41 (Guntram Vesper)
HERMANN BURGER
  Eiszeit, Bd. 18, S. 221 (Klara Obermüller)
  Kranzdeponie, Bd. 18, S. 225 (Rüdiger Görner)
  Koriphäen und Koniferen, Bd. 25, S. 229 (Sabine Doering)
ERIKA BURKART
  Flocke um Flocke, Bd. 10, S. 221 (Hermann Burger)
WILHELM BUSCH
  Sahst du das wunderbare Bild vom Brouwer?, Bd. 3, S. 99 (Gert
  Ueding)
  Tröstlich, Bd. 5, S. 121 (Christa Rotzoll)
  Es sitzt ein Vogel auf dem Leim …, Bd. 28, S. 93 (Wolfgang Schneider)
  Wiedergeburt, Bd. 32, S. 93 (Gert Ueding)
  Der Kobold, Bd. 35, S. 99 (Hans-Joachim Simm)
CHRISTINE BUSTA
  Signale, Bd. 2, S. 199 (Heinz Piontek)
  Am Rande, Bd. 10, S. 205 (Gertrud Fussenegger)
MATTHIAS BUTH
  Gemeinde, Bd. 31, S. 227 (Walter Hinck)
HANS CAROSSA
  Heimliche Landschaft, Bd. 16, S. 113 (Ludwig Harig)
  Der alte Brunnen, Bd. 28, S. 101 (Rüdiger Görner)
PAUL CELAN
  Wir lagen, Bd. 1, S. 195 (Horst Bienek)
  Und Kraft und Schmerz, Bd. 2, S. 203 (Harald Weinrich)
  Das Fremde, Bd. 3, S. 215 (Erich Fried)

Heinz Czechowski
  Notiz für U. B., Bd. 2, S. 241 (Günter Kunert)
  Ewald Christian von Kleist, Bd. 17, S. 217 (Peter Maiwald)
  Wer nicht akzeptiert ..., Bd. 38, S. 187 (Günter Kunert)
Daniel von Czepko
  Wo Freiheit ist, Bd. 19, S. 29 (Albrecht Schöne)
Franz Josef Czernin
  zwischen bögen, über felder, Bd. 35, S. 209 (Marie Luise Knott)
Simon Dach
  Die Sonne rennt mit prangen, Bd. 12, S. 17 (Wulf Segebrecht)
  An hn. ober-marschallen Ahasv. von Brandt, daß sein gehalt erfolgen
  möge, Bd. 14, S. 17 (Wilhelm Kühlmann)
Edwin Wolfram Dahl
  Fontana di Trevi, Bd. 1, S. 227 (Marie Luise Kaschnitz)
Daniela Danz
  Masada, Bd. 33, S. 237 (Michael Neumann)
Theodor Däubler
  Flügellahmer Versuch, Bd. 31, S. 91 (Hans Christoph Buch)
  Winter, Bd. 33, S. 131 (Ulrich Greiner)
Max Dauthendey
  Drinnen im Strauß, Bd. 15, S. 111 (Ludwig Harig)
Franz Josef Degenhardt
  Die alten Lieder, Bd. 14, S. 243 (Klaus-Peter Walter)
  Der Mann von nebenan, Bd. 36, S. 183 (Ulrich Greiner)
Richard Dehmel
  Fitzebutze, Bd. 24, S. 71 (Matthias Wegner)
  Manche Nacht, Bd. 25, S. 83 (Peter Rühmkorf)
  Lied an meinen Sohn, Bd. 37, S. 65 (Ulrich Greiner)
Friedrich Christian Delius
  Junge Frau im Antiquitätenladen, Bd. 3, S. 267 (Michael Zeller)
  Chinesisch essen, Bd. 7, S. 255 (Egon Schwarz)
  Paläontologie, Bd. 31, S. 223 (Hans Christoph Buch)
Heinrich Detering
  Becher, Bd. 35, S. 219 (Ruth Klüger)
  Kilchberg, Bd. 37, S. 201 (Albert von Schirnding)
Uwe Dick
  wer weiß denn ..., Bd. 30, S. 209 (Michael Lentz)

An ***, Bd. 21, S. 33 (Harald Hartung)
Guten Willens Ungeschick, Bd. 21, S. 37 (Jürgen Jacobs)
Kinder am Ufer, Bd. 28, S. 55 (Durs Grünbein)
Lebt wohl, Bd. 32, S. 69 (Peter von Matt)
Die tote Lerche, Bd. 36, S. 49 (Frieder von Ammon)
Not, Bd. 38, S. 49 (Hans-Joachim Simm)
FRIEDRICH DÜRRENMATT
Siriusbegleiter, Bd. 18, S. 181 (Peter von Matt)
Kronenhalle, Bd. 25, S. 185 (Heinz Ludwig Arnold)
Dramaturgischer Rat, Bd. 27, S. 179 (Heinz Ludwig Arnold)
RALPH DUTLI
Noël! Noël!, Bd. 39, S. 203 (Ralph Dutli)
MARIE VON EBNER-ESCHENBACH
Ein stummer Vorwurf, Bd. 24, S. 61 (Helmuth Nürnberger)
ALBERT EHRENSTEIN
Du mußt zur Ruh, Bd. 12, S. 165 (Peter Engel)
Leid, Bd. 38, S. 97 (Ursula Krechel)
CLEMENS EICH
Als ich dich umbrachte, Indianerbruder, Bd. 16, S. 225 (Ulrich Greiner)
GÜNTER EICH
Zum Beispiel, Bd. 1, S. 165 (Hans Egon Holthusen)
Nachhut, Bd. 2, S. 191 (Dieter E. Zimmer)
Wildwechsel, Bd. 3, S. 195 (Ingrid Bachér)
Kleine Reparatur, Bd. 3, S. 199 (Hans Christoph Buch)
Königin Hortense, Bd. 6, S. 219 (Eckart Kleßmann)
Der Große Lübbe-See, Bd. 8, S. 203 (Rudolf Jürgen Bartsch)
Ende eines Sommers, Bd. 8, S. 207 (Eckart Kleßmann)
Abgelegene Gehöfte, Bd. 9, S. 187 (Christoph Perels)
Fußnote zu Rom, Bd. 11, S. 179 (Gerhard Kaiser)
Gespräche mit Clemens, Bd. 11, S. 183 (Clemens Eich)
Betrachtet die Fingerspitzen, Bd. 11, S. 187 (Ludwig Harig)
Briefstelle, Bd. 13, S. 219 (Christa Melchinger)
Zu spät für Bescheidenheit, Bd. 13, S. 223 (Horst Bienek)
Inventur, Bd. 14, S. 207 (Hans-Ulrich Treichel)
Augenblick im Juni, Bd. 15, S. 189 (Albert von Schirnding)
Hoffnungen, Bd. 17, S. 181 (Günter Kunert)
Herrenchiemsee, Bd. 19, S. 187 (Elisabeth Borchers)
Tage mit Hähern, Bd. 23, S. 169 (Hans-Ulrich Treichel)

ADOLF ENDLER
  Des Freundes Wettlauf mit dem Schneemann, Bd. 2, S. 237 (Peter
  Rühmkorf)
GERRIT ENGELKE
  Frühling, Bd. 5, S. 195 (Dieter Schwarzenau)
HANS MAGNUS ENZENSBERGER
  call it love, Bd. 2, S. 233 (Jürgen Becker)
  fremder garten, Bd. 4, S. 221 (Reinhold Grimm)
  Der Kamm, Bd. 6, S. 243 (Michael Zeller)
  Der Fliegende Robert, Bd. 8, S. 261 (Wulf Segebrecht)
  Finnischer Tango, Bd. 9, S. 229 (Wolfgang Hildesheimer)
  Kopfkissengedicht, Bd. 15, S. 237 (Werner Ross)
  Stadtrundfahrt, Bd. 16, S. 171 (Eva Zeller)
  Utopia, Bd. 16, S. 177 (Gertrud Fussenegger)
  Die Scheiße, Bd. 16, S. 183 (Peter Horst Neumann)
  Die Visite, Bd. 23, S. 211 (Andrea Köhler)
  Ins Lesebuch für die Oberstufe, Bd. 23, S. 215 (Peter von Matt)
  Das Ende der Eulen, Bd. 23, S. 219 (Reinhard Baumgart)
  Aschermittwoch, Bd. 24, S. 193 (Hermann Kurzke)
  Empfänger unbekannt, Bd. 24, S. 199 (Kurt Oesterle)
  Kirschgarten im Schnee, Bd. 24, S. 203 (Hans Christoph Buch)
  Erinnerung an den Tod, Bd. 26, S. 167 (Ludwig Harig)
  Über die Schwierigkeiten der Umerziehung, Bd. 28, S. 177 (Hanjo
  Kesting)
  Sterne, Bd. 31, S. 185 (Reinhold Grimm)
  Kurze Geschichte der Bourgeoisie, Bd. 32, S. 183 (Ludwig Harig)
  Unterlassungssünden, Bd. 34, S. 191 (Uwe Wittstock)
  Schwere Koffer, Bd. 34, S. 197 (Ruth Klüger)
  Nürnberg 1935, Bd. 38, S. 175 (Sandra Kerschbaumer)
ELKE ERB
  Ordne etwas, Bd. 39, S. 159 (Elke Erb)
HEINZ ERHARDT
  Rechtschreibung, Bd. 28, S. 139 (Frank von Auer)
GERHARD FALKNER
  Die Götter bei Aldi, Bd. 28, S. 231 (Joachim Sartorius)
  Aldi Bumm Baldi, Bd. 37, S. 187 (Sandra Kerschbaumer)
JÖRG FAUSER
  Der Zwang zur Prosa, Bd. 5, S. 281 (Wolf Wondratschek)

Bevor ich sterbe, Bd. 10, S. 213 (Beate Pinkerneil)

Mit den Jahren, Bd. 10, S. 217 (Werner Fuld)

Angst und Zweifel, Bd. 11, S. 207 (Thomas Anz)

Reden, Bd. 12, S. 227 (Karl Krolow)

Die Maßnahmen, Bd. 20, S. 185 (Volker Kaukoreit)

Logos, Bd. 24, S. 167 und Bd. 38, S. 151 (Marcel Reich-Ranicki)

Macht der Dichtung, Bd. 24, S. 171 (Walter Hinck)

Links rechts links rechts, Bd. 25, S. 181 (Thomas Anz)

Zu Holze, Bd. 27, S. 183 (Ruth Klüger)

Die Abnehmer, Bd. 27, S. 189 (Walter Hinderer)

Begräbnis meines Vaters, Bd. 32, S. 169 (Harald Hartung)

Was es ist, Bd. 36, S. 141 (Wolfgang Schneider)

Trennung, Bd. 37, S. 143 (Thomas Anz)

WALTER HELMUT FRITZ

Aber eben meine Geschichte, Bd. 4, S. 209 (Friedrich Wilhelm Korff)

Atlantis, Bd. 7, S. 229 (Gert Ueding)

Don Juan, Bd. 7, S. 233 (Gerhard Schulz)

Aber dann?, Bd. 15, S. 233 (Reinhold Grimm)

Teilhaben, Bd. 18, S. 193 (Uwe Pörksen)

Also fragen wir beständig, Bd. 32, S. 187 (Wulf Segebrecht)

Aber wo?, Bd. 33, S. 199 (Reinhold Grimm)

Ach, die lappländische Reise, Bd. 34, S. 187 (Uwe Wittstock)

GÜNTER BRUNO FUCHS

Lied des Mannes im Straßenwagen, Bd. 4, S. 205 (Karl Krolow)

Für ein Kind, Bd. 10, S. 235 (Martin Gregor Dellin)

Berlin, Bd. 34, S. 183 (Michael Lentz)

Leiterwagen, Bd. 39, S. 139 (Michael Krüger)

PETER GAN

Eisblume, Bd. 2, S. 143 (Karl Korn)

Sprache, Bd. 9, S. 157 (Karl Krolow)

Herzenshöflich, Bd. 19, S. 143 (Wilhelm Kühlmann)

Unter vier Augen, Bd. 21, S. 119 (Hans Maier)

EMANUEL GEIBEL

Deutschlands Beruf, Bd. 15, S. 91 (Jörg von Uthmann)

STEFAN GEORGE

An baches ranft, Bd. 1, S. 65 (Eugen Gomringer)

Komm in den totgesagten Park und schau, Bd. 2, S. 91 (Rainer
Gruentner)

Noch einmal: Mein Körper, Bd. 25, S. 219 (Thomas Anz)

Materialien zu einer Kritik der bekanntesten Gedichtform italienischen Ursprungs, Bd. 26, S. 189 (Wolfgang Schneider)

Klinik-Lied, Bd. 26, S. 193 (Wolfgang Werth)

Lob des Lebens, Bd. 27, S. 223 (Jan Philipp Reemtsma)

Roß und Reiter, Bd. 28, S. 197 (Harald Hartung)

Ein Gast, Bd. 29, S. 223 (Klaus Cäsar Zehrer)

Gebet, Bd. 29, S. 227 (Uwe Wittstock)

Couplet von der Erblast, Bd. 29, S. 231 (Ruth Klüger)

Auf den Lateinlehrer Otto Kampe, Bd. 30, S. 201 (Georg Wöhrle)

Fliegengedicht, Bd. 31, S. 209 (Frank von Auer)

Kant, Bd. 32, S. 209 (Sandra Kerschbaumer)

Nachdem er durch Metzingen gegangen war, Bd. 32, S. 213 (Uwe Wittstock)

ELFRIEDE GERSTL

Wer ist denn schon, Bd. 17, S. 213 (Elfriede Jelinek)

ROBERT GILBERT

Erst strich er Seiten weg, Bd. 31, S. 129 (Marie Luise Knott)

HERMANN VON GILM ZU ROSENEGG

Allerseelen, Bd. 17, S. 97 (Peter von Matt)

ADOLF GLASSBRENNER

Das Märchen vom Reichtum und der Not, Bd. 8, S. 99 (Ingrid
Heinrich-Jost)

LEOPOLD FRIEDRICH GÜNTHER GOECKINGK

Als der erste Schnee fiel, Bd. 15, S. 17 (Brigitte Kronauer)

ALBRECHT GOES

Einem, der davonging, nachgerufen, Bd. 12, S. 203 (Gert Ueding)

Über einer Todesnachricht, Bd. 13, S. 227 (Eckart Kleßmann)

Motette, Bd. 17, S. 185 (Renate Schostack)

JOHANN WOLFGANG GOETHE

Um Mitternacht, Bd. 1, S. 31 (Benno von Wiese)

Gefunden, Bd. 2, S. 17 (Wolfgang Leppmann)

Lynkeus der Türmer, Bd. 3, S. 33 (Gerhard Kaiser)

Eigentum, Bd. 3, S. 37 (Gabriele Wohmann)

Getretner Quark, Bd. 3, S. 41 (Erwin Koppen)

Nachtgesang, Bd. 4, S. 35 (Joachim C. Fest)

Die Jahre nahmen dir, Bd. 5, S. 45 (Werner Ross)

Nachklang, Bd. 5, S. 49 (Renate Schostack)

Vor Gericht, Bd. 11, S. 33 (Walter Jens)

Wandrers Nachtlied, Bd. 11, S. 37 (Walter Jens)

Nachtgedanken, Bd. 11, S. 41 (Harald Hartung)

Mignon, Bd. 11, S. 45 (Peter von Matt)

Anakreons Grab, Bd. 11, S. 49 (Peter Horst Neumann)

Saget, Steine, mir an, Bd. 11, S. 53 (Ulla Hahn)

Zünde mir Licht an, Bd. 11, S. 57 (Gerhard Kaiser)

An Mignon, Bd. 11, S. 61 (Gerhard Schulz)

Nähe des Geliebten, Bd. 11, S. 67 (Eckhard Heftrich)

Abschied, Bd. 11, S. 71 (Gerhard Schulz)

Hatem, Suleika, Bd. 11, S. 75 (Gerhard Schulz)

An Ulrike von Levetzow, Bd. 11, S. 81 (Karl Otto Conrady)

Sag, was könnt uns Mandarinen, Bd. 11, S. 85 (Werner Ross)

Der Kuckuck wie die Nachtigall, Bd. 11, S. 89 (Peter Demetz)

Nicht mehr auf Seidenblatt, Bd. 11, S. 93 (Hilde Domin)

Wonne der Wehmut, Bd. 12, S. 31 (Robert Gernhardt)

Gesang der Geister über den Wassern, Bd. 12, S. 35 (Peter Härtling)

Der Park, Bd. 12, S. 41 (Elisabeth Borchers)

Eines ist mir verdrießlich, Bd. 12, S. 45 (Werner Fuld)

Was Völker sterbend hinterlassen, Bd. 12, S. 49 (Rolf Hochhuth)

Versunken, Bd. 12, S. 53 (Helmut Koopmann)

Vollmondnacht, Bd. 12, S. 57 (Gert Ueding)

Im Dorfe war ein groß Gelag, Bd. 12, S. 61 (Gertrud Fussenegger)

Als Allerschönste, Bd. 12, S. 65 (Hans Bender)

Den Vereinigten Staaten, Bd. 12, S. 69 (Walter Hinck)

Neugriechische Liebe-Skolie, Bd. 12, S. 73 (Christoph Perels)

Früh, wenn Tal, Gebirg und Garten, Bd. 12, S. 77 (Reinhard Baumgart)

Ein grauer, trüber Morgen, Bd. 13, S. 21 (Wolfgang Koeppen)

Der untreue Knabe, Bd. 13, S. 25 (Peter Wapnewski)

An Schwager Kronos, Bd. 13, S. 31 (Jochen Hieber)

Hoffnung, Bd. 13, S. 37 (Joachim Fest)

Wandrers Nachtlied, Bd. 13, S. 41 (Karl Krolow)

Rastlose Liebe, Bd. 13, S. 45 (Werner Keller)

Grenzen der Menschheit, Bd. 13, S. 49 (Peter von Matt)

Philine, Bd. 13, S. 55 (Peter von Matt)

Der Chinese in Rom, Bd. 13, S. 61 (Egon Schwarz)

Das Mädchen spricht, Bd. 13, S. 65 (Mathias Schreiber)

Der Kaiserin Becher, Bd. 13, S. 69 (Gertrud Fussenegger)

Zueignung, Bd. 27, S. 39 (Hans Christoph Buch)

Neue Liebe, neues Leben, Bd. 27, S. 45 (Henning Heske)

An vollen Büschelzweigen, Bd. 27, S. 49 und Bd. 38, S. 43 (Marcel Reich-Ranicki)

Und wer franzet oder britet, Bd. 29, S. 27 (Manfred Fuhrmann)

Du tanzest leicht, Bd. 29, S. 31 (Norbert Mecklenburg)

An Frau von Willemer, Bd. 32, S. 25 (Eva Demski)

Unbegrenzt, Bd. 32, S. 29 (Joachim Sartorius)

Meine Ruh' ist hin, Bd. 32, S. 33 (Thomas Anz)

Hinten im Winkel des Gartens, Bd. 33, S. 31 (Eckart Kleßmann)

In tausend Formen magst du dich verstecken, Bd. 34, S. 23 (Frieder von Ammon)

Sie saugt mit Gier verrätrisches Getränke, Bd. 34, S. 29 (Peter von Matt)

Erinnerung, Bd. 34, S. 33 (Michael Braun)

Weihnachten, Bd. 35, S. 41 (Dirk von Petersdorff)

An den Geist des Johannes Sekundus, Bd. 36, S. 17 (Frieder von Ammon)

Lust und Qual, Bd. 36, S. 21 (Mathias Mayer)

Parabase, Bd. 36, S. 25 (Hans-Joachim Simm)

Fräulein See-Yaou-Hing, Bd. 36, S. 29 (Heinrich Detering)

Der Narr epilogiert, Bd. 37, S. 35 (Hans-Joachim Simm)

Lied und Gebilde, Bd. 37, S. 41 (Joachim Sartorius)

Ob der Koran von Ewigkeit sei?, Bd. 37, S. 45 (Norbert Mecklenburg)

Meeres Stille, Bd. 39, S. 19 (Angela Krauß)

JOHANN NIKOLAUS GÖTZ

Die himmlische und irdische Venus, Bd. 12, S. 27 (Jürgen Jacobs)

YVAN GOLL

Orpheus, Bd. 3, S. 165 (Siegfried Lenz)

In uralten Seen, Bd. 9, S. 147 (Godehard Schramm)

Electric, Bd. 20, S. 121 (Christoph Perels)

Kölner Dom, Bd. 22, S. 161 (Walter Hinck)

EUGEN GOMRINGER

schweigen, Bd. 9, S. 211 (Gerhard Kaiser)

ALFRED GONG

Die Liebenden, Bd. 33, S. 181 (Walter Hinck)

FRIEDRICH WILHELM GOTTER

Wiegenlied, Bd. 18, S. 23 (Gerhard Schulz)

GEORGE GROSZ
  Gesang an die Welt I, Bd. 7, S. 183 (Peter Rühmkorf)
KLAUS GROTH
  Min Jehann, Bd. 19, S. 77 (Peter Wapnewski)
DURS GRÜNBEIN
  Biologischer Walzer, Bd. 19, S. 245 (Alexander von Bormann)
  Wußten wir?, Bd. 23, S. 237 (Reinhard Baumgart)
  In der Provinz 5, Bd. 24, S. 239 (Manfred Fuhrmann)
  Après l'amour, Bd. 25, S. 233 (Joachim Sartorius)
  Krater des Duris, Bd. 26, S. 225 (Peter von Matt)
  Traum vom fliegenden Fisch, Bd. 26, S. 229 (Henning Heske)
  Schwarzer Mittwoch, Bd. 28, S. 243 (Hans Christoph Buch)
  Die Wachtel, Bd. 33, S. 223 (Ruth Klüger)
  »Si me amas«, Bd. 34, S. 231 (Joachim Sartorius)
  Kleine Litanei, Bd. 35, S. 223 (Wulf Segebrecht)
  Im Kolonnadenhof, Bd. 37, S. 205 (Wulf Segebrecht)
  Teekanne mit Khakifrüchten, Bd. 37, S. 209 (Mathias Mayer)
GUSTAF GRÜNDGENS
  Wie sind wir beide vornehm, Bd. 23, S. 163 und Bd. 38, S. 135 (Marcel
  Reich-Ranicki)
ANDREAS GRYPHIUS
  Vanitas, vanitatum, et omnia vanitas, Bd. 2, S. 13 (Marian Szyrocki)
  Tränen des Vaterlandes, Bd. 9, S. 19 (Marian Szyrocki)
  Grabschrifft Marianae Gryphiae seines Bruders Pauli Töchterlein,
  Bd. 12, S. 23 (Klara Obermüller)
  Abend, Bd. 18, S. 19 (Hans-Rüdiger Schwab)
  Morgen Sonnet, Bd. 22, S. 23 (Ruprecht Wimmer)
  Menschliches Elend, Bd. 28, S. 13 (Michael Krüger)
  Über die Geburt Jesu, Bd. 30, S. 27 (Hermann Kurzke)
  Einsamkeit, Bd. 32, S. 17 (Andreas Blödorn)
  Vberschrifft an dem Tempel der Sterbligkeit, Bd. 35, S. 27 (Joachim
  Sartorius)
  Die Hölle, Bd. 35, S. 31 (Dirk von Petersdorff)
  Betrachtung der Zeit, Bd. 37, S. 13 (Walter Hinck)
FRIEDRICH WILHELM GÜLL
  Will sehen, was ich weiß, vom Büblein auf dem Eis, Bd. 9, S. 77 (Armin
  Ayren)

Ein Licht geht nach dem andern aus, Bd. 7, S. 163 (Günter Kunert)
Der Zauberkünstler, Bd. 23, S. 105 (Ludwig Harig)
Die beiden Buckligen, Bd. 24, S. 117 (Sibylle Wirsing)
Londoner Sturmnacht, Bd. 35, S. 141 (Rüdiger Görner)
Notturno, Bd. 36, S. 95 (Ingrid Bachér)
Dein Haar hat Lieder, die ich liebe, Bd. 36, S. 99 (Peter Härtling)
Heimatlos, Bd. 38, S. 91 (Hans-Joachim Simm)
GEORG HERWEGH
    Ludwig Uhland, Bd. 2, S. 69 (Walter Hinck)
HERMANN HESSE
    Knarren eines geknickten Astes, Bd. 8, S. 137 (Hans Bender)
    Lampions in der Sommernacht, Bd. 12, S. 149 (Hermann Burger)
    Neid, Bd. 13, S. 173 (Ulrich Lauterbach)
    Im Nebel, Bd. 23, S. 83 (Peter von Matt)
    Gute Stunde, Bd. 24, S. 101 (Gabriele Wohmann)
    Landstreicherherberge, Bd. 26, S. 99 (Wolfgang Brenneisen)
    Stufen, Bd. 27, S. 105 (Durs Grünbein)
    Beim Wiederlesen des Maler Nolten, Bd. 33, S. 135 (Gabriele
    Wohmann)
    Ich weiß von solchen ..., Bd. 36, S. 87 (Ruth Klüger)
GEORG HEYM
    Berlin, Bd. 3, S. 149 (Walter Hinck)
    Alle Landschaften, Bd. 4, S. 135 (Rolf Schneider)
    Die Stadt, Bd. 5, S. 177 (Herbert Lehnert)
    Letzte Wache, Bd. 6, S. 171 (Karl Krolow)
    Die Märkte, Bd. 11, S. 155 (Eckart Kleßmann)
    Robespierre, Bd. 22, S. 153 (Kurt Oesterle)
    Fröhlichkeit, Bd. 25, S. 109 (Ulrich Greiner)
    Spitzköpfig kommt er ..., Bd. 26, S. 111 (Hans Christoph Buch)
    Winterwärts, Bd. 27, S. 127 (Walter Hinck)
    Der Gott der Stadt, Bd. 31, S. 111 (Claus-Ulrich Bielefeld)
    Lichter gehen jetzt die Tage, Bd. 34, S. 103 (Hans Christoph Buch)
    Gebet, Bd. 39, S. 75 (Herbert Lehnert)
PAUL HEYSE
    Asylrecht, Bd. 18, S. 89 (Hans Christoph Buch)
WOLFGANG HILBIG
    die ruhe auf der flucht, Bd. 14, S. 275 (Jürgen Theobaldy)
    Novalis, Bd. 22, S. 225 (Gerhard Schulz)

An die Deutschen, Bd. 24, S. 27 (Peter von Matt)
An die Hoffnung, Bd. 26, S. 19 (Sabine Doering)
Die Kürze, Bd. 28, S. 37 (Wolfgang Schneider)
Die Eichbäume, Bd. 29, S. 71 (Ulla Hahn)
Heimat, Bd. 29, S. 75 (Marleen Stoessel)
Die Heimat, Bd. 31, S. 41 (Rüdiger Görner)
Hyperions Schicksalslied, Bd. 31, S. 45 (Ruth Klüger)
An Diotima, Bd. 33, S. 41 (Peter von Matt)
An die jungen Dichter, Bd. 33, S. 45 (Wulf Segebrecht)
Des Morgens, Bd. 33, S. 51 (Sebastian Kleinschmidt)
Der Sommer, Bd. 33, S. 55 (Ulrich Greiner)
Achill, Bd. 37, S. 21 (Frieder von Ammon)
Der Herbst, Bd. 38, S. 27 (Hans-Joachim Simm)
Sophokles, Bd. 39, S. 23 (Uwe Kolbe)

WALTER HÖLLERER
Ein Boot ist immer versteckt, Bd. 3, S. 223 (Walter Hinck)
Der lag besonders mühelos am Rand, Bd. 27, S. 193 (Hans Christoph Buch)

LUDWIG CHRISTOPH HEINRICH HÖLTY
Ihr Freunde hänget, Bd. 4, S. 31 (Walter Hinck)
Totengräberlied, Bd. 8, S. 39 (Werner Fuld)
Die Maynacht, Bd. 37, S. 17 (Wulf Segebrecht)

HOFFMANN VON FALLERSLEBEN
Der deutsche Zollverein, Bd. 12, S. 111 (Volker Neuhaus)
Das Lied der Deutschen, Bd. 22, S. 75 (Ruth Klüger)
Michel-Enthusiast, Bd. 22, S. 79 (Peter Demetz)

CHRISTIAN HOFMANN VON HOFMANNSWALDAU
Vergänglichkeit der Schönheit, Bd. 5, S. 13 (Marian Szyrocki)
Auf den Mund, Bd. 6, S. 23 (Wolfgang Koeppen)
Wo sind die Stunden, Bd. 19, S. 33 (Hans Christoph Buch)
Die Welt, Bd. 22, S. 27 (Ruprecht Wimmer)
Die Wollust, Bd. 29, S. 17 (Claus-Ulrich Bielefeld)
Auf den Einfall der Kirchen zu St. Elisabeth, Bd. 34, S. 13 (Klara Obermüller)

HUGO VON HOFMANNSTHAL
Die Beiden, Bd. 1, S. 69 (Nikolas Benckiser)
Der Jüngling in der Landschaft, Bd. 1, S. 73 (Richard Alewyn)
Manche freilich, Bd. 4, S. 107 (Hilde Spiel)

Dezember 1942, Bd. 22, S. 187 (Friedrich Denk)
Soldatenfriedhof, Bd. 24, S. 153 (Ruth Klüger)
Späte Zeit, Bd. 26, S. 137 (Jürgen Busche)
Alkaios, Bd. 28, S. 135 (Georg Wöhrle)
Weihnachtslied, Bd. 29, S. 185 (Jürgen Busche)
Havelnacht, Bd. 31, S. 137 (Sebastian Kleinschmidt)
Wintermorgen in Irland, Bd. 32, S. 147 (Hub Nijssen)
Damals, Bd. 34, S. 149 (Norbert Hummelt)
April 63, Bd. 35, S. 161 (Peter von Matt)
Thrakien, Bd. 38. S. 141 (Jörg Schuster)
Macbeth, Bd. 39, S. 91 (Jan Wagner)

NORBERT HUMMELT
kreuzreim, Bd. 31, S. 231 (Ulrich Greiner)
Feldpostkarte, Bd. 39, S. 221 (Norbert Hummelt)

RICHARD HUELSENBECK
Dada-Schalmei, Bd. 19, S. 137 (Walter Hinck)

STEFFEN JACOBS
Kindertodtenlied, Bd. 27, S. 243 (Uwe Wittstock)

OTTO JÄGERSBERG
Liebe, Bd. 29, S. 235 (Elke Heidenreich)

ERNST JANDL
zertretener mann blues, Bd. 1, S. 211 (Peter Wapnewski)
lichtung, Bd. 4, S. 193 (Volker Hage)
sommerlied, Bd. 6, S. 235 (Werner Ross)
glückwunsch, Bd. 6, S. 239 (François Bondy)
manchmal hab ich eine solche wut, Bd. 7, S. 221 (Werner Ross)
der fisch, Bd. 8, S. 235 (Hanspeter Brode)
schtzngrmm, Bd. 9, S. 215 (Rolf Schneider)
an gott, Bd. 9, S. 221 (Werner Ross)
nachtstück, mit blumen, Bd. 15, S. 225 (Ulrich Weinzierl)
aus der Dichtung, Bd. 18, S. 185 (Hans Christian Kosler)
versenken, Bd. 19, S. 219 (Wolfgang Brenneisen)
Wien: Heldenplatz, Bd. 22, S. 201 (Hanspeter Brode)
vater komm erzähl vom krieg, Bd. 24, S. 177 (Ulrich Weinzierl)
in der küche ist es kalt, Bd. 24, S. 181 (Klaus Siblewski)
die morgenfeier, 8. sept. 1977, Bd. 28, S. 165 (Norbert Mecklenburg)
zweites sonett, Bd. 29, S. 201 (Joachim Sartorius)
liegen, bei dir, Bd. 30, S. 177 (Wolf Wondratschek)

MASCHA KALÉKO

Kleine Havel-Ansichtskarte, Bd. 1, S. 177 (Horst Krüger)

Im Exil, Bd. 8, S. 215 (Beate Pinkerneil)

Großstadtliebe, Bd. 22, S. 191 (Marcel Reich-Ranicki)

Resignation für Anfänger, Bd. 29, S. 189 (Elke Heidenreich)

Sozusagen grundlos vergnügt, Bd. 29, S. 193 (Renate Schostack)

Kaddisch, Bd. 30, S. 159 (Barbara Hahn)

Die Dritte Sinfonie, Bd. 31, S. 155 (Elke Heidenreich)

Das Ende vom Lied, Bd. 31, S. 159 (Eva Demski)

Gewisse Nächte, Bd. 32, S. 159 (Ingrid Bachér)

Dem »Heiligen Franziskus« vom Rowohlt Verlag, Bd. 33, S. 177 (Jakob Hessing)

Das berühmte Gefühl, Bd. 34, S. 153 (Hans-Ulrich Treichel)

ANNA LOUISA KARSCH

An den Domherrn von Rochow, Bd. 5, S. 39 (Renate Schostack)

MARIE LUISE KASCHNITZ

Ein Gedicht, Bd. 1, S. 149 (Horst Rüdiger)

Die Gärten, Bd. 1, S. 153 (Hilde Domin)

Ein Gedicht, Bd. 5, S. 203 (Horst Bienek)

Nicht gesagt, Bd. 9, S. 179 (Walter Helmut Fritz)

Vögel, Bd. 10, S. 193 (Christa Melchinger)

Juni, Bd. 16, S. 143 (Robert Gernhardt)

Die Katze, Bd. 18, S. 171 (Ruth Klüger)

Dein Schweigen, Bd. 20, S. 151 (Hans Christian Kosler)

Hiroshima, Bd. 22, S. 183 (Dieter Borchmeyer)

Genazzano, Bd. 25, S. 165 (Ulla Hahn)

Kleine Ballade, Bd. 25, S. 169 (Wulf Segebrecht)

Nicht mutig, Bd. 28, S. 127 (Albert von Schirnding)

Schreibend, Bd. 31, S. 133 (Hans-Ulrich Treichel)

Dezembernacht, Bd. 36, S. 123 (Wulf Segebrecht)

HANS KEILSON

Bühlertal, Bd. 37, S. 139 (Rüdiger Görner)

GOTTFRIED KELLER

Friede der Kreatur, Bd. 3, S. 91 (Gerhard Kaiser)

Wie glänzt der helle Mond, Bd. 3, S. 95 (Heinz Politzer)

Am fließenden Wasser, Bd. 5, S. 117 (Cyrus Atabay)

Die Ehescheidung, Bd. 6, S. 205 (Peter Horst Neumann)

Seemärchen, Bd. 9, S. 83 (Gerhard Schulz)

Im Juni, Bd. 3, S. 249 (Rolf Schneider)

Nachricht aus Lesbos, Bd. 3, S. 253 (Heinz Politzer)

Einäugig, Bd. 4, S. 241 (Harald Weinrich)

Die Luft riecht schon nach Schnee, Bd. 9, S. 233 (Horst Bienek)

Bei den Stiefmütterchen, Bd. 10, S. 243 (Ulla Hahn)

Reisezehrung, Bd. 10, S. 247 (Gerhard Schulz)

Erdreich, Bd. 11, S. 241 (Hermann Lenz)

Eine Schlehe im Mund, Bd. 16, S. 195 (Reiner Kunze)

Am Walfjord, Bd. 17, S. 221 (Hanne F. Juritz)

Naturschutzgebiet, Bd. 18, S. 207 (Christoph Perels)

Die Verdammung, Bd. 18, S. 211 (Ruth Klüger)

Der Süden, Bd. 20, S. 193 (Ludwig Harig)

Beginn der Zerstörung, Bd. 20, S. 197 (Peter von Matt)

Die Heide, Bd. 21, S. 197 (Joachim Kaiser)

Moorland, Bd. 21, S. 201 (Kerstin Hensel)

Schöner See Wasseraug, Bd. 24, S. 215 (Sabine Doering)

Datum, Bd. 25, S. 215 (Walter Hinck)

Schwarze Bohnen, Bd. 26, S. 181 und Bd. 38, S. 191 (Marcel Reich-Ranicki)

Salome, Bd. 32, S. 201 (Michael Braun)

Trauriger Tag, Bd. 33, S. 207 (Michael Braun)

Der Winter, Bd. 34, S. 205 (Marie Luise Knott)

Ich wollte meinen König töten, Bd. 36, S. 189 (Marie Luise Knott)

WULF KIRSTEN

grabschrift für meinen großvater, Bd. 3, S. 245 (Heinz Piontek)

Gottfried Silbermann, Bd. 12, S. 239 (Gerhard Schulz)

wüstgefallener jüdischer friedhof in Mähren, Bd. 15, S. 251 (Eckart Kleßmann)

die ackerwalze, Bd. 18, S. 203 (Heinz Czechowski)

werktätig, Bd. 28, S. 191 (Hans Christoph Buch)

Selbst, Bd. 38, S. 183 (Jan Wagner)

KARIN KIWUS

Im ersten Licht, Bd. 4, S. 261 (Wolfgang Hildesheimer)

Straight Flush, Bd. 18, S. 229 (Gabriele Wohmann)

Kleine Erinnerung an den Fortschritt, Bd. 21, S. 215 (Elisabeth Borchers)

KLABUND

Es werden Tage kommen, Bd. 3, S. 157 (Georg Hensel)

Diese Frau, Bd. 26, S. 209 (Gert Ueding)
Der Hochsitz, Bd. 26, S. 213 (Hans Christoph Buch)
Sternsucher, Bd. 37, S. 197 (Silke Scheuermann)

GERTRUD KOLMAR
Die Fahrende, Bd. 3, S. 173 (Klaus Jeziorkowski)
Die Verlassene, Bd. 7, S. 187 (Ulla Hahn)
An der Grenze, Bd. 18, S. 143 (Rüdiger Görner)
Die gelbe Schlange, Bd. 18, S. 147 (Rüdiger Görner)
Abschied, Bd. 19, S. 147 (Jürgen Theobaldy)
Die Kröte, Bd. 19, S. 153 (Ruth Klüger)
Zueignung, Bd. 20, S. 133 (Ludwig Völker)
Ein grünes Kleid, Bd. 20, S. 139 (Walter Helmut Fritz)
Mädchen, Bd. 29, S. 147 (Joachim Sartorius)
Salamander, Bd. 31, S. 115 (Peter von Matt)
Aus Westend, Bd. 31, S. 121 (Joachim Sartorius)
Trauerspiel, Bd. 33, S. 153 (Joachim Sartorius)
Verwandlungen, Bd. 33, S. 157 (Silke Scheuermann)

MAX KOMMERELL
Spiegelung der Sonne zwischen Seerosenblättern, Bd. 7, S. 203 (Dorothea Hölscher-Lohmeyer)

JAN KONEFFKE
Hunde scharren im Hof, Bd. 26, S. 221 (Wulf Segebrecht)

MICHAEL KONGEHL
Mittel gegen bösen Athem, Bd. 28, S. 17 (Klaus Cäsar Zehrer)

JÖRG KOWALSKI
Neckarpartie mit Hölderlinturm, Bd. 17, S. 253 (Gerhard Schulz)

HERTHA KRÄFTNER
Dorfabend, Bd. 5, S. 239 (Peter Härtling)
Abends, Bd. 10, S. 231 (Kurt Klinger)
»Anna«, sagte der Mann, Bd. 21, S. 193 (Elisabeth Borchers)

WERNER KRAFT
Lied, Bd. 8, S. 165 (Günter Blöcker)
Variation, Bd. 26, S. 119 (Reinhard Lauer)

THEODOR KRAMER
Die Gaunerzinke, Bd. 2, S. 151 (Hans J. Fröhlich)
Wer läutet draußen an der Tür?, Bd. 8, S. 169 (Kurt Klinger)
Wenn ein Pfründner einmal Wein will, Bd. 12, S. 169 (Gerhard Kaiser)
Lied am Bahndamm, Bd. 17, S. 161 (Barbara Frischmuth)

Was war, was ist, Bd. 20, S. 163 (Walter Helmut Fritz)
Besuch kommt, Bd. 23, S. 173 (Gabriele Wohmann)
Das Bild das man hinterläßt, Bd. 24, S. 159 (Walter Helmut Fritz)
Gewißheit, Bd. 36, S. 137 (Dieter Lamping)
MICHAEL KRÜGER
   Die Enten, Bd. 13, S. 275 (Herbert Heckmann)
   Die Reise nach Jerusalem, Bd. 24, S. 231 (Eva Zeller)
   Herzklopfen, Bd. 28, S. 207 (Felicitas von Lovenberg)
   Die Schlüssel, Bd. 32, S. 221 (Peter von Matt)
   Nächtlicher Garten, Bd. 36, S. 193 (Renate Schostack)
NADJA KÜCHENMEISTER
   nebel, Bd. 32, S. 229 (Ulrich Greiner)
   linoleum, Bd. 36, S. 225 (Hans Christoph Buch)
JOHANNES KÜHN
   Zeitung am Kaffeetisch, Bd. 15, S. 247 (Ludwig Harig)
   Die Zukunft, Bd. 31, S. 193 (Sebastian Kleinschmidt)
DER VON KÜRENBERG
   Ich zôch mir einen valken, Bd. 3, S. 13 (Peter Rühmkorf)
   Ich stuont mir nehtint spâte, Bd. 15, S. 13 (Joachim Bumke)
ELISABETH KULMANN
   Gekämpft hat meine Barke, Bd. 37, S. 61 (Marie Luise Knott)
GÜNTER KUNERT
   Vorortabend, Bd. 1, S. 235 (Horst Bienek)
   Konjunktiver Doppelgänger, Bd. 2, S. 225 (Fritz J. Raddatz)
   Ernst Balcke, Bd. 3, S. 237 (Elisabeth Endres)
   Atlas, Bd. 8, S. 257 (Walter Hinck)
   Den Fischen, Bd. 9, S. 225 (Helmut Lamprecht)
   Vision an der Oberbaumbrücke, Bd. 11, S. 233 (Helmut Koopmann)
   Im Norden, Bd. 13, S. 243 (Reinhold Grimm)
   Fantasma, Bd. 16, S. 187 (Joseph Anton Kruse)
   Unterwegs nach Utopia I, Bd. 17, S. 209 (Walter Hinderer)
   Frist, Bd. 24, S. 189 und Bd. 38, S. 171 (Marcel Reich-Ranicki)
   Märkischer Konstantin, Bd. 26, S. 163 (Hans Christoph Buch)
   Pompeji: Garten des Fauns, Bd. 31, S. 181 (Georg Wöhrle)
   Todesferne Elegie, Bd. 35, S. 189 (Hans-Ulrich Treichel)
   Georg Heym, Bd. 36, S. 165 (Thomas Anz)
   Heimkehr, Bd. 36, S. 169 (Georg Wöhrle)
   Am Styx, Bd. 37, S. 155 (Wolfgang Schneider)

Ich glaube wir sind alle für einand' gestorben, Bd. 32, S. 109 (Michael Braun)

Frühling, Bd. 34, S. 77 (Eva Demski)

Weltende, Bd. 34, S. 81 (Ulrich Greiner)

Ich liebe dich ...., Bd. 35, S. 111 (Jakob Hessing)

Abschied, Bd. 37, S. 71 (Ingrid Bachér)

CHRISTINE LAVANT

Seit heute, aber für immer, Bd. 7, S. 207 (Hans Maier)

Wie gut, Bd. 19, S. 195 (Barbara Frischmuth)

Kreuzzertretung, Bd. 21, S. 157 (Kerstin Hensel)

Der Mond kniet auf, Bd. 25, S. 177 (Michael Krüger)

Wieder Nacht, Bd. 30, S. 163 (Peter von Matt)

Lockte mich die alte Zauberin, Bd. 30, S. 167 (Ruth Klüger)

Wieder brach er bei dem Nachbar ein, Bd. 35, S. 167 (Joachim Sartorius)

Wär ich einer deiner Augenäpfel, Bd. 39, S. 101 (Angelika Overath)

GERTRUD VON LE FORT

Deutsches Leid, Bd. 22, S. 133 (Walter Hinck)

WILHELM LEHMANN

Amnestie, Bd. 1, S. 91 (Wolfgang Koeppen); S. 95 (Hilde Domin)

Auf sommerlichem Friedhof (1944), Bd. 3, S. 129 (Günter Blöcker)

Oberon, Bd. 4, S. 119 (Siegfried Lenz)

In Solothurn, Bd. 7, S. 143 (Hans Bender)

Mond im Januar, Bd. 7, S. 147 (Hans Daiber)

Im Winter zu singen, Bd. 29, S. 129 (Hans Dieter Schäfer)

CHRISTIAN LEHNERT

Herbstzeitlose, Bd. 33, S. 229 (Hermann Kurzke)

HANS LEIP

Lili Marleen, Bd. 4, S. 149 (Rudolf Walter Leonhardt)

DIETER LEISEGANG

Einsam und allein, Bd. 9, S. 245 (Harald Hartung)

RICHARD LEISING

Der Sieg, Bd. 16, S. 199 (Karl Mickel)

NIKOLAUS LENAU

Die drei Zigeuner, Bd. 3, S. 77 (Hans Mayer)

Einsamkeit (2), Bd. 3, S. 83 (Sibylle Wirsing)

Die bezaubernde Stelle, Bd. 18, S. 73 (Rolf Vollmann)

Himmelstrauer, Bd. 32, S. 81 (Eckart Kleßmann)

HERMANN LINGG
  Das Krokodil, Bd. 12, S. 123 (Jörg von Uthmann)
OSKAR LOERKE
  Ans Meer, Bd. 1, S. 107 (Siegfried Unseld)
  Grab des Dichters, Bd. 6, S. 149 (Eckart Kleßmann)
  Pansmusik, Bd. 8, S. 141 (Eckart Kleßmann)
  Winterliches Vogelfüttern, Bd. 9, S. 139 (Wolfgang Leppmann)
  Timur und die Seherin, Bd. 10, S. 171 (Uwe Pörksen)
  Webstuhl, Bd. 13, S. 183 (Rudolf Jürgen Bartsch)
  Der Wald der Welt, Bd. 32, S. 133 (Wulf Segebrecht)
  Pansmusik, Bd. 39, S. 61 (Harald Hartung)
FRIEDRICH VON LOGAU
  Bücher, Bd. 35, S. 23 (Frieder von Ammon)
DANIEL CASPER VON LOHENSTEIN
  Aufschrift eines Labyrinths, Bd. 6, S. 27 (Michael Krüger)
  Umschrift eines Sarges, Bd. 19, S. 39 (Wulf Segebrecht)
PAULA LUDWIG
  Nicht mehr mit Blumen, Bd. 21, S. 143 (Ulrich Weinzierl)
MARTIN LUTHER
  Ein lied von der Heiligen Christlichen Kirchen aus dem XII. capitel
  Apocalypsis, Bd. 4, S. 13 (Walter Jens)
  Ein feste burg ist unser Gott, Bd. 8, S. 13 (Walter Jens, Kurt Marti,
  Adolf Muschg, Peter Rühmkorf)
  Da pacem, Bd. 19, S. 13 (Eva Zeller)
  Mitten wyr ym leben sind, Bd. 23, S. 35 (Ruprecht Wimmer)
  Psalm XXIII, Bd. 32, S. 13 (Annemarie Ohler)
REBECCA LUTTER
  Mein Platz, Bd. 13, S. 247 (Hans Joachim Schrimpf)
PETER MAIWALD
  Letzte Stunde, Bd. 12, S. 253 (Karl Krolow)
  Grabschrift, Bd. 18, S. 233 (Wulf Segebrecht)
  Himmelgeister Sonett, Bd. 20, S. 213 (Wolfgang Brenneisen)
  Kindergeburtstag, Bd. 26, S. 201 (Robert Gernhardt)
RAINER MALKOWSKI
  Schöne seltene Weide, Bd. 2, S. 253 (Elisabeth Borchers)
  Stadtkirche am Vormittag, Bd. 5, S. 269 (Godehard Schramm)
THOMAS MANN
  Monolog, Bd. 1, S. 79 (Hans Mayer)

Zu wem, Bd. 5, S. 217 (Eva Zeller)
Utopische Fahrt, Bd. 8, S. 211 (Egon Schwarz)
Der Grund kann nicht reden, Bd. 31, S. 173 (Eckart Kleßmann)
Doch das Dunkel fragt, Bd. 36, S. 133 (Harald Hartung)

CONRAD FERDINAND MEYER

Ein Pilgrim, Bd. 1, S. 59 (Golo Mann)
Das Ende des Festes, Bd. 2, S. 73 (Emil Staiger)
Die tote Liebe, Bd. 6, S. 111 (Elisabeth Borchers)
Nicola Pesce, Bd. 9, S. 95 (Peter von Matt)
Auf dem Canal Grande, Bd. 9, S. 99 (Helmut Koopmann)
Der römische Brunnen, Bd. 18, S. 85 (Hans-Ulrich Treichel)
Lethe, Bd. 19, S. 83 (Dieter Borchmeyer)
Dämmergang, Bd. 22, S. 101 (Peter von Matt)
Möwenflug, Bd. 22, S. 107 (Ruth Klüger)
Nachtgeräusche, Bd. 26, S. 49 (Eugen Gomringer)
Friede auf Erden, Bd. 27, S. 79 (Eckart Kleßmann)
Stapfen, Bd. 27, S. 85 (Renate Schostack)
Chor der Toten, Bd. 29, S. 99 (Kurt Oesterle)
Im Spätboot, Bd. 33, S. 115 (Hans Christoph Buch)
Der Marmorknabe, Bd. 35, S. 91 (Thomas Anz)
Zwei Segel, Bd. 35, S. 95 (Claus-Ulrich Bielefeld)

KARL MICKEL

Maischnee, Bd. 9, S. 237 (Peter Maiwald)
Inferno XXXIV., Bd. 13, S. 253 (Rainer Kirsch)
Elegie, Bd. 24, S. 221 (Günter Kunert)
Trinklied. Nach Goethe, Bd. 27, S. 215 (Volker Braun)
Der Abend, Bd. 27, S. 219 (Kerstin Hensel)

EDUARD MÖRIKE

Auf einer Wanderung, Bd. 1, S. 55 (Hans Mayer)
Um Mitternacht, Bd. 2, S. 61 (Heinz Politzer)
Das verlassene Mägdlein, Bd. 2, S. 65 (Hermann Kesten)
Früh im Wagen, Bd. 4, S. 73 (Barbara Stierle)
Denk es, o Seele, Bd. 5, S. 105 (Hans Christoph Buch)
Zu viel, Bd. 6, S. 97 (Gertrud Fussenegger)
Sommer-Refektorium, Bd. 6, S. 101 (Hermann Burger)
An eine Äolsharfe, Bd. 7, S. 93 (Siegfried Melchinger)
Auf eine Christblume, Bd. 9, S. 71 (Hanspeter Brode)
Restauration, Bd. 12, S. 115 (Herbert Heckmann)

Der Gaul, Bd. 30, S. 89 (Robert Gernhardt)
»Er war ein Bäcker«, Bd. 35, S. 119 (Hans Christoph Buch)
Butterblumengelbe Wiesen, Bd. 37, S. 75 (Marie Luise Knott)
JOHANN MICHAEL MOSCHEROSCH
Sprachverderber, Bd. 26, S. 13 (Manfred Fuhrmann)
WOLFGANG AMADEUS MOZART
An seine Schwester, Bd. 27, S. 55 (Hans Maier)
FRITZ MÜHLENWEG
Sehnsucht, Bd. 14, S. 197 (Hartmut von Hentig)
ERICH MÜHSAM
Der Revoluzzer, Bd. 9, S. 127 (Gertrud Fussenegger)
HEINER MÜLLER
Montaigne meets Tasso I, Bd. 23, S. 203 (Uwe Wittstock)
Traumwald, Bd. 23, S. 207 (Hans Christoph Buch)
Herz der Finsternis nach Joseph Conrad, Bd. 25, S. 201 (Joachim Sartorius)
Neujahrsbrief 1963, Bd. 32, S. 193 (Jan-Christoph Hauschild)
Ich kaue die Krankenkost, Bd. 33, S. 195 (Wolfgang Schneider)
Wiedersehn mit der bösen Cousine, Bd. 35, S. 185 (Jan-Christoph Hauschild)
INGE MÜLLER
Unterm Schutt II, Bd. 30, S. 185 (Volker Hage)
WILHELM MÜLLER
Im Dorfe, Bd. 3, S. 59 (Hans J. Fröhlich)
Rückblick, Bd. 3, S. 63 (Sibylle Wirsing)
Der Lindenbaum, Bd. 4, S. 53 (Jörg von Uthmann)
Mut, Bd. 10, S. 135 (Jürgen Theobaldy)
Die Post, Bd. 11, S. 113 (Joachim Kaiser)
Wegweiser, Bd. 16, S. 59 (Hartmut von Hentig)
Tränenregen, Bd. 25, S. 49 (Dieter Borchmeyer)
BÖRRIES FREIHERR VON MÜNCHHAUSEN
Die Hesped-Klage, Bd. 13, S. 157 (Iring Fetscher)
HANNS OTTO MÜNSTERER
Nur eine Fliege, Bd. 33, S. 173 (Hans Christoph Buch)
JÜRGEN NENDZA
Die Wimpern, Bd. 38, S. 221 (Henning Heske)
JOHANN NESTROY
Lied des Fabian, Bd. 1, S. 51 (Walter Jens)

BRIGITTE OLESCHINSKI
   Wie eng, wie leicht: ein Tankflügel –, Bd. 22, S. 241 (Hubert Winkels)
HELLMUTH OPITZ
   Liste kleiner Traurigkeiten, Bd. 30, S. 219 (Ulrich Greiner)
   Nerven blank, Bd. 39, S. 213 (Matthias Politycki)
MARTIN OPITZ
   Das Fieberliedlin, Bd. 11, S. 13 (Hanspeter Brode)
   An die Deutsche Nation, Bd. 23, S. 41 (Wulf Segebrecht)
   Sonett über die Augen der Astree, Bd. 29, S. 13 (Alexander
   Košenina)
   [Grabschrift] Eines geilen Weibes, Bd. 30, S. 23 (Ludwig Harig)
MERET OPPENHEIM
   Sommer, Bd. 28, S. 147 (Claus-Ulrich Bielefeld)
ALBERT OSTERMAIER
   ratschlag für einen jungen dichter, Bd. 30, S. 235 (Wulf Segebrecht)
   pur, Bd. 34, S. 235 (Uwe Wittstock)
OSWALD VON WOLKENSTEIN
   Durch Barbarei, Bd. 23, S. 29 (Thomas Kling)
BERT PAPENFUSS-GOREK
   rasender schmerts weiterlachen, Bd. 15, S. 271 (Friedrich Christian
   Delius)
OSKAR PASTIOR
   Abendlied, Bd. 8, S. 253 (Wolfgang Hildesheimer)
ECKART PETERICH
   Sonette einer Griechin (XVII), Bd. 2, S. 183 (Nikolas Benckiser)
DIRK VON PETERSDORFF
   10. Stock, Bd. 30, S. 231 (Uwe Wittstock)
   Alter Freund, alte Freundin, Bd. 35, S. 229 (Walter Hinck)
   Raucherecke, Bd. 39, S. 229 (Dirk von Petersdorff)
HEINZ PIONTEK
   Schlittenromanze, Bd. 2, S. 217 (Horst Bienek)
AUGUST VON PLATEN
   Wer wußte je das Leben ..., Bd. 3, S. 67 (Benno von Wiese)
   Lebensstimmung, Bd. 6, S. 69 (Golo Mann)
   Es liegt an eines Menschen Schmerz, Bd. 6, S. 75 (Joachim C. Fest)
   Dies Land der Mühe, Bd. 7, S. 85 (Horst Rüdiger)
   Wer wußte je das Leben?, Bd. 8, S. 83 (Hans Christoph Buch)
   Tristan, Bd. 15, S. 75 (Peter Wapnewski)

JÜRGEN RENNERT
  Erschaffung des Golems, Bd. 3, S. 271 (Günter Kunert)
RAINER MARIA RILKE
  Die Kurtisane, Bd. 1, S. 83 (Egon Schwarz)
  Die Flamingos, Bd. 3, S. 117 (Wolfgang Leppmann)
  Gebet für die Irren und Sträflinge, Bd. 3, S. 121 (Wolfgang Koeppen)
  Frühling ist wiedergekommen, Bd. 4, S. 111 (Werner Ross)
  Abschied, Bd. 4, S. 115 (Sibylle Wirsing)
  Der Panther, Bd. 5, S. 151 (Wolfgang Leppmann)
  An der sonngewohnten Straße, Bd. 7, S. 127 (Eckart Kleßmann)
  Rose, oh reiner Widerspruch, Bd. 7, S. 131 (Wolfgang Leppmann)
  Liebes-Lied, Bd. 7, S. 135 (Gertrud Höhler)
  Das Füllhorn, Bd. 8, S. 125 (Kurt Klinger)
  Ich fürchte mich so, Bd. 8, S. 129 (Walter Müller-Seidel)
  Der Abenteuerer I, Bd. 8, S. 133 (Cyrus Atabay)
  Früher Apollo, Bd. 9, S. 119 (Gertrud Höhler)
  Noch fast gleichgültig ..., Bd. 10, S. 167 (Eckart Kleßmann)
  Der Schwan, Bd. 11, S. 143 (Hellmuth Karasek)
  Blaue Hortensie, Bd. 12, S. 137 (Rainer Gruenter)
  Herbsttag, Bd. 12, S. 141 (Rainer Kirsch)
  Auferstehung, Bd. 12, S. 145 (Hilde Spiel)
  Magie, Bd. 14, S. 155 (Günter Kunert)
  Wilder Rosenbusch, Bd. 14, S. 159 (Ulrich Fülleborn)
  Der Pavillon, Bd. 15, S. 131 (Wolfgang Preisendanz)
  Archaischer Torso Apollos, Bd. 15, S. 135 (Ulrich Karthaus)
  Komm du, du letzter, Bd. 16, S. 97 (Ralf Rothmann)
  Die Brandstätte, Bd. 16, S. 101 (Christoph Perels)
  Tränenkrüglein, Bd. 16, S. 105 (Harald Hartung)
  Der Wahnsinn, Bd. 16, S. 109 (Peter Maiwald)
  Du aber, Göttlicher, Bd. 17, S. 121 (Werner Weber)
  Wandelt sich rasch auch die Welt, Bd. 17, S. 125 (Joachim Kaiser)
  Der Knabe, Bd. 17, S. 129 (Ulrich Greiner)
  Corrida, Bd. 18, S. 113 (Hans-Ulrich Treichel)
  Früher, wie oft, Bd. 19, S. 111 (Jan Knopf)
  Römische Fontäne, Bd. 19, S. 115 (Hans-Ulrich Treichel)
  Das Karussell, Bd. 20, S. 95 (Ulrich Weinzierl)
  An die Musik, Bd. 26, S. 91 (Eckart Kleßmann)
  Advent, Bd. 26, S. 95 (Henning Heske)

Der Engel mit der Eisenbahnermütze, Bd. 20, S. 217 (Alexander von Bormann)

Echo, Bd. 27, S. 235 (Jochen Jung)

Mozart, Bd. 33, S. 219 (Peter von Matt)

Der stille Grund, Bd. 36, S. 211 (Norbert Hummelt)

FRIEDERIKE ROTH

Auf und nirgends an, Bd. 9, S. 261 (Harald Hartung)

Mimosen, Bd. 9, S. 265 (Ludwig Harig)

Wir beide, Bd. 12, S. 257 (Harald Hartung)

LUDWIG RUBINER/FRIEDRICH EISENLOHR/LIVINGSTONE HAHN

Gold, Bd. 12, S. 157 (Robert Gernhardt)

ANDRE RUDOLPH

im morgenrot sehn wir das innre kind, wie es, Bd. 37, S. 221 (Gisela Trahms)

FRIEDRICH RÜCKERT

Amaryllis, Bd. 2, S. 49 (Wolfgang Koeppen)

Nach Dschelaleddin Rumi, Bd. 2, S. 53 (Golo Mann)

Ich bin der Welt abhanden gekommen, Bd. 10, S. 127 (Ulrich Karthaus)

Kehr ein bei mir!, Bd. 10, S. 131 (Renate Schostack)

Die Liebe sprach, Bd. 12, S. 103 (Ulla Hahn)

Das vierzigste Ghasel, Bd. 12, S. 107 (Golo Mann)

Was schmiedst du, Schmied?, Bd. 13, S. 111 (Albrecht Goes)

Über alle Gräber, Bd. 14, S. 105 (Gabriele Wohmann)

Lob des Abendrotes, Bd. 17, S. 85 (Rolf Vollmann)

PETER RÜHMKORF

De mortuis oder: üble Nachrede, Bd. 2, S. 229 (Harald Weinrich)

Heinrich-Heine-Gedenk-Lied, Bd. 4, S. 213 (Rolf Schneider)

Bleib erschütterbar und widersteh, Bd. 4, S. 217 (Albert von Schirnding)

Auf was nur einmal ist, Bd. 6, S. 249 (Walter Busse)

Auf eine Weise des Joseph Freiherrn von Eichendorff, Bd. 10, S. 239 (Walter Hinck)

So müde, matt, kapude, Bd. 14, S. 235 (Joseph Anton Kruse)

Ans Glück verzettelt, Bd. 17, S. 205 (Gert Ueding)

Hochseil, Bd. 25, S. 207 (Heinz Ludwig Arnold)

Auf Sommers Grill, Bd. 27, S. 207 (Robert Gernhardt)

Hochverehrte Frau, Sie tun mir leid, Bd. 29, S. 215 (Jan Philipp Reemtsma)

Das Mädchen aus der Fremde, Bd. 3, S. 49 (Gert Ueding)

Die Teilung der Erde, Bd. 12, S. 85 (Peter von Matt)

Der Pilgrim, Bd. 13, S. 89 (Helmut Koopmann)

Die Worte des Wahns, Bd. 14, S. 91 (Walter Hinderer)

Punschlied, Bd. 15, S. 53 (Peter von Matt)

Spruch des Confucius, Bd. 17, S. 37 (Eckhard Heftrich)

Der Tanz, Bd. 19, S. 45 (Werner Ross)

Der Antritt des neuen Jahrhunderts, Bd. 20, S. 23 (Gerhard Schulz)

Laura am Klavier, Bd. 20, S. 29 (Stefana Sabin)

Untertänigstes Pro Memoria, Bd. 22, S. 41 (Ruth Klüger)

Der Abend, Bd. 27, S. 59 (Hans Christoph Buch)

Würde des Menschen, Bd. 28, S. 27 (Hanjo Kesting)

Odysseus, Bd. 29, S. 35 (Peter von Matt)

Reiterlied, Bd. 29, S. 39 (Wulf Segebrecht)

Rousseau, Bd. 29, S. 45 (Ruth Klüger)

Die Worte des Glaubens, Bd. 29, S. 49 (Ulla Hahn)

Hymne an den Unendlichen, Bd. 29, S. 55 (Hans Christoph Buch)

Hoffnung, Bd. 29, S. 59 (Gert Ueding)

Wie heißt das Ding, Bd. 29, S. 63 (Wolfgang Werth)

Der spielende Knabe, Bd. 29, S. 67 (Peter von Matt)

Spinoza, Bd. 33, S. 37 (Rüdiger Görner)

ROBERT SCHINDEL

Kältelied, Bd. 17, S. 231 (Klara Obermüller)

Leopoldstädter Tanzlied, Bd. 19, S. 231 (Walter Hinderer)

Vineta I, Bd. 19, S. 237 (Volker Kaukoreit)

Liebeslied 19 (haben doch sieben Leben), Bd. 26, S. 197 (Harald Hartung)

Nullsucht 15 (Stürzen die Wolken), Bd. 28, S. 217 (Ruth Klüger)

ALBERT VON SCHIRNDING

Bitte um Heimsuchung, Bd. 4, S. 237 (Wolfdietrich Rasch)

Nachricht an meinen Engel, Bd. 39, S. 151 (Albert von Schirnding)

EVELYN SCHLAG

Dressurakt, Bd. 28, S. 235 (Rüdiger Görner)

DIETER SCHLESAK

Meine Liebste lass uns gehen, Bd. 31, S. 189 (Walter Hinck)

ARNO SCHMIDT

Trunkner im Dunkel, Bd. 32, S. 165 (Rüdiger Görner)

CHARLES SIMIC
Jahrmarkt, Bd. 39, S. 163 (Silke Scheuermann)
Romantisches Sonett, Bd. 39, S. 167 (Keto von Waberer)
WERNER SÖLLNER
Liebende, Bd. 16, S. 221 (Jochen Hieber)
Was bleibt, Bd. 17, S. 249 (Günter Kunert)
Am Bodensee, Bd. 35, S. 205 (Marie Luise Knott)
FRIEDRICH SPEE VON LANGENFELD
Ein kurz poetisch Christgedicht vom Ochs und Eselein bei der Krippen, Bd. 3, S. 32 (Iring Fetscher)
Ermahnung zur Buße, Bd. 19, S. 23 (Hermann Kurzke)
Zu Bethlehem geboren, Bd. 24, S. 17 (Jürgen Busche)
ERNST STADLER
Gratia divinae pietatis adesto Savinae de petra dura perquam sum facta figura, Bd. 3, S. 133 (Karl Ludwig Schneider)
Fahrt über die Kölner Rheinbrücke bei Nacht, Bd. 9, S. 135 (Werner Ross)
Judenviertel in London, Bd. 15, S. 147 (Hans Christoph Buch)
Der Spruch, Bd. 23, S. 91 (Michael Krüger)
Anrede, Bd. 25, S. 95 (Barbara Frischmuth)
Form ist Wollust, Bd. 29, S. 133 (Ludwig Harig)
Vorfrühling, Bd. 37, S. 87 (Frieder von Ammon)
FRANZ BAERMANN STEINER
Elefantenfang, Bd. 1, S. 169 (Michael Hamburger)
LUDWIG STEINHERR
Im Bamberger Dom, Bd. 38, S. 229 (Wulf Segebrecht)
THEODOR STORM
Abends, Bd. 3, S. 87 (Karl Krolow)
Hyazinthen, Bd. 5, S. 113 (Hans Bender)
Meeresstrand, Bd. 14, S. 123 (Gerhard Kaiser)
Tiefe Schatten, Bd. 19, S. 73 (Gerd Eversberg)
Über die Heide, Bd. 22, S. 89 (Helmuth Nürnberger)
Lied des Harfenmädchens, Bd. 24, S. 53 und Bd. 38, S. 67 (Marcel Reich-Ranicki)
Begegnung, Bd. 25, S. 69 (Doris Runge)
Beginn des Endes, Bd. 26, S. 35 (Norbert Mecklenburg)
Weihnachtslied, Bd. 26, S. 39 (Walter Hinck)
Die Stadt, Bd. 29, S. 95 (Wolfgang Schneider)

GISELA TRAHMS
  Ach, Bd. 39, S. 185 (Gisela Trahms)
GEORG TRAKL
  Im Park, Bd. 2, S. 123 (Werner Ross)
  Grodek, Bd. 4, S. 131 (Rolf Schneider)
  Trompeten, Bd. 6, S. 175 (Rainer Malkowski)
  De profundis, Bd. 6, S. 179 (Erich Fried)
  Die schöne Stadt, Bd. 6, S. 185 (Geno Hartlaub)
  Im Herbst, Bd. 7, S. 167 (Hans Joachim Schrimpf)
  Verklärung, Bd. 7, S. 171 (Gertrud Fussenegger)
  Abend in Lans, Bd. 10, S. 181 (Karl Krolow)
  Im Osten, Bd. 18, S. 127 (Günter Kunert)
  Der Herbst des Einsamen, Bd. 18, S. 131 (Walter Hinck)
  Vorstadt im Föhn, Bd. 21, S. 105 (Barbara Frischmuth)
  Die Kirche, Bd. 22, S. 157 (Eckart Kleßmann)
  In den Nachmittag geflüstert, Bd. 23, S. 109 (Hans-Ulrich Treichel)
  Ein Winterabend, Bd. 27, S. 123 (Jan Philipp Reemtsma)
  An die Schwester, Bd. 30, S. 113 (Walter Hinck)
  Die tote Kirche, Bd. 30, S. 117 (Thomas Anz)
  Die Sonnenblumen, Bd. 37, S. 111 (Mathias Mayer)
  Ein Winterabend, Bd. 38, S. 101 (Peter Hamm)
  An den Knaben Elis, Bd. 39, S. 67 (Hendrik Rost)
  Sonja, Bd. 39, S. 71 (Lutz Seiler)
TOMAS TRANSTRÖMER
  Schwarze Ansichtskarten, Bd. 39, S. 143 (Michael Krüger)
HANS-ULRICH TREICHEL
  Von großen Dingen, Bd. 12, S. 261 (Lothar Schöne)
  Selbstporträt, korrigiert, Bd. 27, S. 239 (Hans Christian Kosler)
KURT TUCHOLSKY
  An das Baby, Bd. 2, S. 139 (Benno von Wiese)
  Park Monceau, Bd. 5, S. 185 (Reinhold Grimm)
  Rheinsberg, Bd. 8, S. 153 (Beate Pinkerneil)
  Schepplin, Bd. 19, S. 127 (Hellmuth Karasek)
  Malwine, Bd. 23, S. 113 (Sibylle Wirsing)
  Danach, Bd. 25, S. 113 und Bd. 38, S. 105 (Marcel Reich-Ranicki)
  Wider die Liebe, Bd. 27, S. 135 (Wolfgang Schneider)
  Weihnachten, Bd. 29, S. 141 (Heinrich Detering)
  Media in vita, Bd. 34, S. 113 (Ruth Klüger)

CHRISTIAN WAGNER
Ostersamstag, Bd. 3, S. 103 (Peter Härtling)
Spätes Erwachen, Bd. 11, S. 139 (Walter Helmut Fritz)
Im Garten des Albergo del Sole, Bd. 18, S. 95 (Eckart Kleßmann)
Erinnerungen hinter der Erinnerung, Bd. 35, S. 103 (Silke Scheuer-
mann)

JAN WAGNER
chamäleon, Bd. 36, S. 221 (Uwe Wittstock)

RICHARD WAGNER
Ein rundes, ein schönes Gedicht, Bd. 25, S. 65 (Marcel Reich-Ranicki)

ROBERT WALSER
Die schöne Frau von Thun, Bd. 3, S. 125 (Wolfgang Rothe)
Die Reiterin, Bd. 5, S. 155 (Werner Weber)
Mikrogramm III, Bd. 7, S. 139 (Arnim Ayren)
Und ging, Bd. 18, S. 119 (Siegfried Unseld)
Was fiel mir ein?, Bd. 22, S. 137 (Peter von Matt)
Wie immer, Bd. 39, S. 49 (Hans-Ulrich Treichel)

SILJA WALTER
Tänzerin, Bd. 21, S. 165 (Peter von Matt)

WALTHER VON DER VOGELWEIDE
Müeste ich noch geleben daz ich die rôsen, Bd. 1, S. 19 (Peter
Wapnewski)
Under der linden, Bd. 9, S. 13 und Bd. 38, S. 17 (Marcel Reich-Ranicki)
Mir hât hêr Gêrhart Atze, Bd. 10, S. 13 (Joachim Bumke)
Ich hân mîn lêhen, Bd. 21, S. 13 (Wolfgang Werth)
Vil wol gelobter got, Bd. 22, S. 13 (Peter Wapnewski)
In einem zwîvellîchen wân, Bd. 23, S. 21 (Hans Christoph Buch)
Owê daz wîsheit unde jugent, Bd. 27, S. 13 (Peter Wapnewski)
Die Magdeburger Weihnacht, Bd. 30, S. 13 (Peter Wapnewski)
Der erste Reichsspruch, Bd. 31, S. 17 (Ruth Klüger)

FRANK WEDEKIND
Der Tantenmörder, Bd. 16, S. 93 (Wulf Segebrecht)
Xanthippe, Bd. 25, S. 87 (Georg Wöhrle)
Der blinde Knabe, Bd. 26, S. 61 (Kurt Oesterle)

KONRAD WEICHBERGER
Abschied, Bd. 27, S. 109 (Klaus Cäsar Zehrer)

GEORG WEERTH
Das Hungerlied, Bd. 27, S. 73 (Wolfgang Werth)

ALFRED WOLFENSTEIN
  Tiger, Bd. 24, S. 109 (Günter Kunert)
WOLFRAM VON ESCHENBACH
  Den morgenblic bî wahtærs sange erkôs, Bd. 25, S. 13 (Peter
  Wapnewski)
KARL WOLFSKEHL
  Von umflorten Berges Kimme, Bd. 24, S. 85 (Gerhard Schulz)
  Lobgesang, Bd. 35, S. 115 (Marie Luise Knott)
WOLF WONDRATSCHEK
  In den Autos, Bd. 4, S. 265 (Peter Rühmkorf)
  Adam jr., Bd. 10, S. 263 (Lothar Schöne)
  Lied von der Liebe, Bd. 21, S. 219 (Wolfgang Brenneisen)
  Am Quai von Siracusa, Bd. 27, S. 227 und Bd. 38, S. 199 (Marcel Reich-
  Ranicki)
  Endstation, Bd. 27, S. 231 (Uwe Wittstock)
  Kleinhesseloher See (im Englischen Garten, München), Bd. 28, S. 201
  (Matthias Wegner)
PETER PAUL ZAHL
  mittel der obrigkeit, Bd. 2, S. 257 (Erich Fried)
SIDONIA HEDWIG ZÄUNEMANN
  Jungfern-Glück, Bd. 34, S. 17 (Renate Schostack)
PAUL ZECH
  Wir haben nirgend eine Heimat mehr, Bd. 32, S. 127 (Hans Christoph
  Buch)
EVA ZELLER
  Das Kind in dem ich stak, Bd. 14, S. 227 (Egon Schwarz)
  Zu guter Letzt, Bd. 15, S. 219 (Gerhard Schulz)
GUIDO ZERNATTO
  Dieser Wind der fremden Kontinente, Bd. 11, S. 175 (Hans Bender)
ALBIN ZOLLINGER
  Stille des Herbstes, Bd. 2, S. 147 (Adolf Muschg)
CARL ZUCKMAYER
  Mein Tod (Ein frommer Wunsch), Bd. 29, S. 151 (Hermann Kurzke)
  Lob der Spatzen, Bd. 30, S. 135 (Kurt Oesterle)
  Ein nie vorher gesehener Stern, Bd. 34, S. 121 (Silke Scheuermann)
UNICA ZÜRN
  Aus dem Leben eines Taugenichts, Bd. 39, S. 107 (Elke Schmitter)